天下 雜誌
觀 念 領 先

立下界限

卸除生命中不必要的內疚感，找回平靜，

成為溫柔且堅定的自己

蘇絢慧 著

目錄

立下界限

第二篇

覺察那些以愛為名的傷害——

人際界線失守的關係陷阱

第三篇

修復與療癒個體界限

理解你的內在糾結——

第四篇

設立個體界限的十個練習

成為平靜有力量的你——

哪一個
是你的人生？

失去界限的人生

過度負責或過度依賴
討好及害怕衝突，迴避溝通
混亂及疲憊不堪的人際關係
破碎心累的負向自我
生活充滿怪罪、自責和受害感
常處於自我懷疑和左右為難
習慣勉強和壓迫自己及別人
身心、情緒失序失衡

完整界限的人生

能分辨責任歸屬及適當承擔

能清楚自己的立場，為自己表達溝通

懂得在尊重自己也理解他人之間找到平衡

感受有主體性的正向自我

接納自己的限制和不足

願意覺察自己的選擇並負責

能合情合理客觀看待事實，不強迫

身心、情緒能維持秩序，平衡運作

自序

願你盡早學會善待自己

能夠意識到自己的衝動，知道自己確切希望得到的和需要的是什麼，是一項難得的心理成就。

——美國社會心理學家馬斯洛

謝謝你翻開這本書，不論是因為什麼而吸引你，我都感謝有這樣的一份連結，在你我之間。

活在這世上，並不容易。

這人生裡，會發生各式各樣的事，除了生離、死別，還會發生更多莫名其妙、亂七八糟的事情。

比如，跟你算友好的人，忽然某一天之後，對你冷淡抽離。

比如，原本要和你談合作計畫的人，突然音訊全無，沒有下文，也沒有任何告知。

又比如，曾經讓你對愛、理想、希望深信不疑的人，卻是最徹底摧毀你對愛、理想、希望有所相信的人，甚至把你對人的信任感也一併帶走了。

這些人、這些事，你不是每一件事都會記住，但不知道為什麼，你卻留下了一個失魂落魄的自己，失意落寞、疲憊沮喪，然後充滿對活著的怨懟，對這世間的不滿。

你常狐疑，究竟是自己錯了？還是世界錯了？是自己病了？還是世界病了？

如果說是這世界錯了，為什麼大家都表現得一切理所當然，沒有什麼好爭論或有意見的？他們總是說：「別想太多啊！不就過日子嗎？」不然就說：「你那麼認真做什麼啊？睜一隻眼閉一隻眼就好了，有什麼大不了的？」彷彿是在指控你的堅持代表你不夠圓融、不夠體貼。

若你想：「應該是我病了吧？」可你又覺得這世界的荒誕和離譜那麼明顯，生病的，體質不良的，應該是這世界啊！似乎沒有一個人看起來是真正幸福快樂的。

應付這個世界，搞定自己和別人，真的太難了。越是想看清楚這世界的規則，就越難找到萬無一失的規則。越是想讓別人滿意和沒意見，別人的不滿意和意見就越多。每天夜晚躺在床上，覺得自己像支烤架上的玉蜀黍翻來覆去，焦慮難眠。想著昨天、想著明天，都有著難以控制的不安感，好像該努力拚到什麼地位，卻又覺得做不到什麼地位，心中總是不知道自己這個人生究竟在追求什麼。

有好多的不情願，即使有些剎那間的快樂，那些快樂也極度短暫，短到用力回想也好像想不起來。

這就是我們的日常——以一種宿命的方式，在這世上消磨自己。每一天，自己在老去的歷程受各種束縛和壓迫，被迫做些為了生存不得不承受的事，即使這些事情你一點兒都不情願面對和承擔。

你的存在，本來就值得尊敬

難道我們人生一回就是為了在消磨中、疲倦中，不斷地耗損自己？難道當我們努力趕上世界的節奏時，只能害怕和焦慮自己成為最落後的那一個人？

活在這世界，為了順應這世界的社會制度和各種生存需求，我們成為了一個個泡在恐懼和不安缸裡的人。各種無明的怕，纏繞我們的身心和魂魄，招來各種疾病：焦慮症、強迫症、憂鬱症、癌症、自律神經失調、心血管疾病、免疫系統失調、荷爾蒙失調、新陳代謝失調……。

如果，你尚且心疼自己，仍願意為自己求生，那麼，為了找回健康，請痛定思痛地調整自己。無論是改變生活態度，還是改變過往的慣性——習慣把委屈和不平往肚裡吞，習慣壓抑自己的情緒和感受，習慣漠視自己要自己忍耐，或是習慣強迫自己硬扛硬撐——願這本書都能支持你，讓你擁有內心堅定的力量，讓你安穩及天經地義地對自己說：「愛自己無罪」、「我值得心疼自己」、「照顧好自己是對自己最大的負責」。

這些對自己存在的信任和尊敬，要來自你對自己的認同與接納，好藉此讓你建立合宜的關係界線及心理界限，才能真正用友善、關懷的方式，好好善待自己。

在這一本書裡，有我長期觀察及探討華人社會大家普遍過得很辛苦及疲憊的現象，以及人我關係界線和心理界限混亂而缺乏建立的情況。書中「人際關係界線」所使用的「界線」，是指一種範圍和距離，意謂在關係中的兩人或多人之間所需要的個體空間和關係距離，是根據關係遠近親疏和個人狀態來調動的，具彈性伸縮的特性。

另外，「個體或心理界限」所使用的「界限」則是指個體內在的空間，能維護、保障自主權和獨立權的防護線，有底線之意。在這條線以內的地方，是禁止他人介入或干涉的，具有隱私保障的範圍。個體界限或心理界限的存在，保障個人的情緒感受、觀點思維和行動選擇，讓主體能充分知覺，進行自我的決定。

在人生的各種關係中、各種情境中，人際關係界線是建立在維護彼此的意願上，既能彼此尊重，也能創造平等，因為我們都是獨立的個體，各自有完整的存在，不是依附著誰，任由人支配和剝奪，也不強行控制著誰，操弄及剝削他人。

但能夠這樣做的前提是，我們必須先確立自己的心理界限，並且好好維護，才能真正做好區辨人我關係之間各自該承擔的責任，不過度地承擔別人，把別人的人生攬在自己身上。否則的話，就會一味迴避自己的生命課題，忽略了自己最應該做到也是真正能做到的，就是要好好為自己的人生負責，並活出完整的自我。

我希望能為你帶來一些視角及觀點：從我們如何在人際互動中失守界線談起，覺察人際關係中被破壞及侵犯界限的情況，進而意識讓人我界線失守的關係陷阱，再到修復治療我們的內在，最後，為自己建立真正有力量的個體界限。

希望這一本書在你努力積極地迎向世界時，能夠陪著你找到生命的內在秩序與安穩的主體感，導引你有機會創造你想要的怡然自得的生活，時刻享有歲月靜好中的風平浪靜。

你知道的，在這個越是複雜的世界生存，你越是需要擁有內在清晰的個體界限才好。並且越早學會，越好。

有許多人的評價和武斷

引發你的憤怒、焦慮、痛苦或沮喪。

他們就像是人生旅途上的干擾或風雨，

延遲你的前進，甚至讓你一時間茫然、不知所措，

不知道自己究竟要何去何從。

第一篇

你過的是怎樣的人生——

人際關係界線失守十型

第一型

過於負責與責任感偏執的自我犧牲者

你的生活世界、環境，大家都過得很好，都擁有他們想要的生活了，你不需要再付出、再犧牲、再辛苦了。

很多人都很負責任，卻老是把不屬於自己的事也攬在身上，負錯責任了。你是否也如此？

別人的情緒，無論要開心還是要難過，要用什麼情緒反應，這是你無法負責的。

別人的言論，無論他要話語如絲，還是詞句惡毒，這只能顯示他的語言、詞彙造詣及風格，還有他的人格素養，這是你無法負責的。

別人的人生，無論是要一個人還是兩個人生活，或是三個人及更多人生活，這同樣也是你無法負責的。

別人的眼光或視野，是正視還是斜視？是看到光還是看到黑暗？這仍是你無法負責的。

別人的生活，想要好好過，還是糟蹋過？積極奮發地還是唉聲嘆氣無力地過？這一樣是你無法負責的。

一直去負責別人的事，卻一直把自己的事丟給另外一些人，是生活錯亂和失序的源頭，更是人我界線模糊和相互侵犯、控制的開始。

但你的責任感並不該這樣用，而是要好好負責過好自己的人生，不成為別人的負擔，也不成為別人的問題。你需要的是好好使用成人的心智和能力，鍛鍊你站在自己的位置及職務上，去承擔真正能夠負責的事。

常常去負責別人的事，或對別人的事比手畫腳、指指點點的人，真正想做的是控制，這樣的人心中有一個自以為正確或正義的標準，只以自己的觀點及角度看出去，只要不符合他認為的正確或正義，就難以承受內在情緒——不論那是痛苦、憤怒、失望或是挫折，都無法真正地面對自己的情緒、承認自己的感受，反而想要去解決，也就是控制他認為不應當的事情。

這樣的人自以為只要解決外在的問題，也就是控制好看不過去的那個人，讓他不要做錯事、不要惹出麻煩，那麼自己就不會遭殃或是被牽扯了。甚至還會無邊無際地想像假如自己沒有去糾正對方或介入解決，後果一定會非常嚴重和糟糕。

這種誇大的、不理性、失去客觀澄清及理解的想像，起因於內心「只有唯一的標準」、「只有唯一的正確」，凡是不符合他所認定應該要的標準，都是該被解決、被糾正的，以致他就像是一支鐵鎚，別人都成為釘子，見一個敲一個，都該被他敲下去。

若你想當鐵鎚，別人都會是釘子

有句話說：「你帶什麼有色鏡片，你眼睛看出去的世界都會是那個顏色。」我們的內心觀點和角度，就是我們的有色鏡片，在我們沒有察覺時，就默默地用那樣的觀點和角度去解讀世界、判定世界。

所以，一個內心覺得別人都會出錯、弄錯的人，覺得天底下只有自己最正確、最正義時，他所看見的世界將會是別人總是出錯、這世界真是糟糕，沒有他來糾正和監督，所有人都會懶散、怠惰、散漫和充滿問題。不自覺地就把自己活成像支鐵鎚，每天都與人針鋒相對，都在敲打東西、訂正東西。

這同時也是一種自我中心，認為不需要去理解別人的立場和觀點，也不用了解別人的緣由或是脈絡，只以單一點看過去看不順眼及不對勁，就開始要指責、批評和否定。甚至很輕易地就對別人的人生看不下去，有說不完的評論。

這種好像把天下事、天下人都扛在自己身上，好像有一種「眾人皆醉我獨醒」的姿態，也可以視為是一種完美情結——為了強調自己的完美正確無瑕疵，只要瞧見任何人，就會用必須要負起責任來矯正的態度，一定要讓別人知道他哪裡不對、哪裡出錯、哪裡該被糾正。

看似好像很有責任感，把端正天下視為己任，但這其實是掌控欲在作祟，極度想把世界塑造成自己認為的理想模樣。在他的內心，這世界的所有人都應該活得很正確、很聖潔、很高尚、很優秀……，如此一來，他才不會因為這世界的失序和不完美而困擾。

你有沒有這種傾向呢？這其實是一種偏執：偏激並執著，彷彿這世界只能是你腦袋認定的世界，而不是這個世界它真實的模樣。自認優越菁英傾向的人，也有這樣的態度，以為自己站在世界的頂端，站在世界的中心，任何人都必須按照他的設定或觀點運轉。

這種態度和反應，有多少成分是源於自卑感所反彈出的優越情結呢？有多少部分來自無法面對真實內在的匱乏及不足，所形成的自戀性人格呢？總想那麼負責，卻忘了回頭想想，是不是一開始就弄錯了方向？

第二型

人生陷於推骨牌效應的失衡者

把能量花在錯的人身上，將使你耗竭殆盡，得不償失。

人生有很多混亂的情況，最常出現的混亂之一是，有人莫名其妙地把他的人生問題丟給你，認為你「應該」要幫他處理，有義務回應他，不論他需要什麼，你都有責任應該滿足他，有義務讓他滿意，不然你就是狠心無情、見死不救、自私自利，是沒道德良心的人。

他只要開口了，出張嘴，你就好像被按下某種無意識的「設定」——「應該」要讓他滿意、「應該」要讓他滿足、「應該」要幫他妥善處理，不論這究竟和你有沒有關係，或者你到底實際上有沒有那樣的能力。

如果這是你的情況，很混亂地就承接他人的情緒和人生責任，那麼估計你也會很混淆地把自己的情緒和人生責任丟給別人。

為什麼呢？這是人的補償心理，因為你一不注意就去拯救和承擔別人的人生課題，你覺得被虧欠了，會想從另一處得到補償，於是就會心理失衡地期待著誰也來拯救和承擔你的人生課題。

你從來沒有試著去清楚思考，總是不可自拔地就為他人而累、而苦，為他人擔憂，因此你活得很累很苦，很哀怨地想為什麼就沒有人來為你無盡付出？也給予你所需要的支撐呢？

你好希望有誰出現來拯救你的生活，讓你可以安逸些，不要那麼辛苦。你總是疑惑：為什麼你就要這麼辛苦、這麼悲情？為什麼別人的生活，總是活得好像很輕鬆，一副事不關己？

你的思緒像是一團纏繞打結的毛線球，想不清楚究竟是誰讓你那麼辛苦、那麼累？是你真的必須活得那麼辛苦？還是如果你不為他人活得那麼辛苦，你就會自動地覺得不安和內疚，深怕自己過得太好，對不起身邊某個很悲苦、很不幸的人？

陷入尋求補償的惡性循環

大部分的時候，我們像推骨牌一樣，他人推倒我，我就來推倒你；他人剝削我，我就來侵占你。我們身邊越是無力抵抗、無法離開我們的人，就是我們最容易占便宜、侵犯的對象。

而一個人被某一方侵占和剝削，就會向比自己更弱、更卑微的另一方去索討、去侵占。這就是補償作用，明明遭受到某個人的壓迫或惡意對待，卻向另一個在身邊沒地位的人發洩脾氣。這也是許多伴侶或孩子被當成出氣筒，承受惡意對待的原因。

不要小看我們的內心這種需要平衡的本能，一旦有所失衡，我們就會想辦法從別人身上、別的地方把自己覺得被虧欠的感覺「補償」回來，卻怎麼也難以清明覺察，我們都要先學會照顧自己及堅定自己，而不是任意地相互推倒及覆蓋。那樣的吞噬及剝削，是人際關係的毒素，讓我們都深陷在不健康的霧霾中，直到生病、虛弱和陣亡。

我們的社會，要建立界線並不容易。沒有界線概念，界線含糊不清，幾乎是我們生活的日常。回想你從小到大的經驗，是不是有許多話語從小聽到大，你幾乎沒有反思這些語句的含意，就照單全收？例如：

「你不要那麼愛計較」

「吃虧就是占便宜」

「算了算了，大事化小、小事化無」

「能者多勞，有能力者就是要多做一點」

「你要多服務別人，服務別人是有愛心的行為」

「不要有意見，叫你做，去做就對了」

「讓你多做一點，是看得起你，不然拉倒」

「你那麼小氣，只是用一下你的東西，有什麼大不了」

「都是為你好，才要你這麼做」

例子很多，不知道你認為生活中，最讓你界線混淆，感到疑惑、不舒服，卻又不得不做的話語是什麼呢？

這些在「我」和「你」和「他」之間混淆成一團的立場、權利、感受、思想、價值觀、生命信念、人生課題及需求，總是讓我們過度承擔別人的責任，又自動地把自己的責任推卸出去。

你這一生，真正要完成的是自己的人生課題，能成為的也只有真實的自己。若是內心裡裝的皆是他人的認為、觀點、價值觀、感受和評論，那，你還是你嗎？

這個世界有你存在，正因為你是一個獨一無二的個體。但假若你總是擔心別人怎麼想，也總是把別人的觀點和眼光當做自己的，想要符合別人的標準，你還會是那一個獨一無二的你嗎？

如果你要成為真實的自己，想要好好了解及認識這個你要相處一輩子的軀體與心靈，那麼，你真正要做的，是透過界線的設立和維護，好好地把自己的部分認出來，真正分辨出：「什麼是我的想法」、「什麼是我的感受」、「什麼是我的選擇和決定」。然後把別人的想法、感受和他的選擇及決定歸還給他，不要攬在自己身上，那麼，你將會少掉許多無謂的焦慮與煩惱。

第三型

毫無界線概念，沉溺依賴的索求無度者

理所當然的態度，是許多人生問題的來源。

通常人我關係界線不清的人，對於他人談論界線，就會渾身不舒服，充滿防衛、敵意和抗拒。

但他想到的，不是他好喜愛為他人承擔、奉獻、犧牲，因而不解為何人我之間需要有界線來分別彼此的主體性？相反地，他想到的其實是，好怕別人不為他承擔、承受，不替他背負他不想面對也不想學習的事。當他想把自己的責任往外丟、往外找依賴時，身邊的人如果都有界線的概念，知道應該交還給他，讓他自己負起面對的責任，那豈不是造成他的受害、受傷和受苦？

這時他就激動起來，強烈地批評這個世界為什麼要變得這麼冷漠？這麼無情？為什麼總要分得這麼清楚？別人不是應該為他付出，讓他滿意嗎？

如果你仔細觀察，盡可能靜下來瞧清楚，就會發現他從來沒有想到要負起自己生命的責任，因為那太累了、太難、也太麻煩了。只要身邊有人繼續承擔他丟出來的任何需求，並且「死命」必達，那何須瞭解人我界線的存在呢？又何須尊重每個人的選擇和意願呢？

只要他說了，別人都應該要做到才是。他所期待的世界，就要以這樣的型態存在才對。

人生，只要能找到宿主，盡情吸取能量及索取就好了。談界線，根本是在破壞他想要的既得利益，於他絕對沒有好處。

假如你的身邊正有這樣的人，你是如何自處？他又如何跟你互動？

你若開始關心人我之間應該存在界線，也明白每個人都該有自己的底線，這是維護自己是完整個體的基本權利，那麼，你要開始把那種似是而非的情感操控言論，破解開來。別再輕易受自己一直以來的內疚感和高道德感綁架，跳脫不加以思考別人說的話有沒有邏輯、合不合理的渾噩日常。

例如：一位母親從不要求、從不管教她的兒子要自我負責，並且要承擔起自己的人生，為自己的人生奮鬥，卻長期以來要求女兒應該要無微不至地照顧及幫助弟弟（或哥哥），並且完成母親做不到的部分（例如：經濟條件不足），無止盡地供給兄弟手足，幫助他們過舒適無缺的人生。

這是非常明顯非理性的情感操弄和沒有邏輯理性的不合理要求，偏偏許多人礙於和母親之間長年的內疚感（因為得不到媽媽的歡心而失落）以及情感操縱（不讓媽媽放心就是壞孩子、不孝），以至於順應著放棄自己的思考能力，不但不自己用邏輯來識破這個造成情感糾葛不清的關係死結，反而合理化母親的要求和說法。

家庭裡的相互控制與傷害

沒有個體界限就沒有秩序，勢必無法清理事情，更無法讓自我獨立成長。

如果一個家庭或一個組織有意無意地破壞人我關係界線，並且蓄意模糊個體性，想以相互依賴和共生來獲取生存的保障，甚至讓有些人不須付出就能得到利益，這樣的家庭和組織勢必是不健康的。

沒有理性思考功能的家庭會代間傳遞，不僅下一代或下下代會持續以缺乏理性功能的方式來思索人我關係和人生問題，還會仰賴情緒化的生存模式，以本能自動化的模式來反應及動作。

一個界線模糊的家庭或組織，在當中的成員都必須受這種非理性的思考模式所同化，並且把個人的權利及自主權被剝奪的情況合理化，這樣的共生結構才可能會一直延續。

但當有家庭或組織成員識破或是從這種不健康的互動中清醒過來，大聲說出這是不正確的、這是一種挾持及剝奪時，長期已經被這樣環境結構同化的其他人，反而會怒不可抑地指責這清醒過來的人是破壞者，為什麼要打破既定成俗的規矩？為什麼要這麼不懂事？為什麼要製造問題呢？

所以，誰能無懼於被孤立，勇敢清醒？於是，不僅繼續跟著大家對這樣的界線模糊現象保持沉默，順應群體，有時候還立刻認同，趕緊有樣學樣，找到下一個可以被任意對待和利用的受害者。

這樣的家庭或組織，想要的就不是真正地面對問題、解決問題，而是推託及迴避問題，因此常會見到問題惡化，彼此持續相互控制又相互傷害的現象。

而一個家庭或是組織當中的人如要集體共生，以虛偽的羈絆來糾纏彼此，讓彼此深陷泥沼無法逃脫，外界的人又能說些什麼呢？

若外界想伸出援手，也必須確認是否當中有人真的把手伸了出來，並且分辨那伸出的手是真的要得到協助，還是正打算把人拉下去陪葬、一起淪陷？

究竟要往哪裡去投入、去付出我們的力量和幫助，這是我們不得不思考及面對的課題。

第四型

假面道德家，人際界線綁架者

人的生活問題，就是人際關係的問題。

——個體心理學創始者阿德勒

為什麼談人我界線，各自承擔自己的責任，總有人連結到「自私」、自掃門前雪呢？

界線，談的是一個完整獨立個體的概念，有自己的感受、思想和選擇做決定的自主。你是一個完整的個體，因為界線的存在，所以你可以被界定什麼是你——你的觀點、你的感受、你的情緒、你的選擇、你的所屬物、你的權利……等等。

難道有人希望自己和身邊的人不是完整獨立的個體嗎？希望自己和他人被任意支配、侵犯和操縱嗎？

一個沒有完整獨立概念的人，又如何與他人建立平等和合作的關係？如何能在互為主體中，相互交流和回應？

一個不完整的人，又如何能真的去尊重及成全他人生命的完整呢？

如果一個社會非常排斥「界線」的存在，只有一種可能——這個社會拒絕接受人可以維持完整獨立。因為在這樣的社會中，依賴性強的人多、控制性強的人多、追求霸權的人多、混淆隨便的人多、排斥異己的人多，又依賴又控制欲強的人可能更多，因此讓界線混淆不清，表面上稱「不要計較這麼多」，實際上卻是「我濫用你、侵犯你，你都不該有意見」。

所以，不談界線的人，才是「真」自私吧！不顧別人的感受與衝擊。

往往重視界線的人，都是在乎自己的責任，也會照顧好自己的生活；不僅懂自己的分寸，也懂得尊重別人的意願和選擇。

所以，別再把人我界線和自私混淆了。害怕人與人之間有界線存在的人，要覺察自己內在的恐懼和焦慮，是如何長出那些「理所當然」的依賴和索取？

習慣怪罪別人

為了逃避自己不想面對的責任，為了拒絕生命成長所需要學習的課題，人會有依賴心及習慣視而不見，總是容易合理化地怪罪別人，並誇大及期待他人的能力。

就像是當好父母並不容易，必然有需要學習的課題及面對的困難，包括如何在撫育和管教之間取得平衡和協調，能知道如何和孩子建立關係，並教育及引導孩子學會面對他自己的人生發展任務及課題。但不負責任的父母，不但忽視自己需要面對的學習，不將親職責任當一回事，且還把這樣的責任推給孩子，怪罪孩子不夠好不夠完美，沒能討自己歡欣，沒能讓自己輕鬆點；他們放著孩子不管，彷彿孩子自己會成長、會懂得如何在社會上生存一般。

還有一些父母不僅未要求自己盡到教養的責任，對親職毫無興趣，更在孩子成人之後開始索討依賴，主張因為孩子是由父母所生，孩子應該無盡地滿足父母的期待及索求，於是絕對地支配孩子。

這樣家庭裡的孩子從出生後，便開始經歷忽視和冷漠，甚至遭受惡意對待，好不容易長大可以開始擁有自己的人生時，卻被父母威脅和情感勒索，被要求為了家族、為了父母犧牲和忍耐，必須無盡付出，否則就是不孝自私。

你是在這樣的家庭中成長的嗎？是否一路承受這樣的壓力？

這樣的父母從孩子出生開始，習慣不問自己的責任，不問自己是否能承擔教養，不問是否能為自己和為孩子帶來幸福，是否能面對和處理人生所發生的各種壓力和問題，反而只是將孩子視為自己的延伸，把自己的渴望和需求移植到孩子身上，要孩子負責回饋和滿足。

這種父母本質上是退化的父母，只具有小孩的性格和能力，一切既衝動而無知，卻十分地自大和自滿，全然的自我中心，幾乎很難去理解什麼是人我關係，及「每一個人都是獨立完整的個體」這樣的概念；在生活中，也不具備

「思索」和「處理」的能力，只顧著存活的最基本生物需求。

這樣的人不只當父母時如此，為人手足、同事、伴侶，也必是用他強大且毫無界線（無法節制）的侵犯力，毫無顧慮地吞噬及占用別人、剝奪別人。一旦遇到有人反對、抵抗，或是提出任何的異議，他即以權威地位或身分，或是理所當然在關係中握有權力的姿態，不容許他人拒絕或表達個人意願。

他會無視及糟蹋你的柔軟，以得寸進尺的方式，一次比一次要求更多，連詢問及聆聽你的回應都省略；而以強迫的方式加以施壓和要脅，完全沒有同理你和尊重你的能力。

雖然人與人相處確實需要有基本道德，良好的美德更是促進人際合作非常重要的動力，然而，當有人以道德或美德當令牌，盡情揮舞令牌威嚇你應當具有道德及美德，卻從來不要求或管束自己時，這類訴諸道德的要求就只是用來「綁架」別人，這樣的人實質上是人際界線的破壞者——他會藉由控制你來滿足自己，不僅常竊取你的資源，吸盡你的生命能量，當然更會極盡所能地破壞你跟他之間的界線。

第五型

推卸自我責任的得寸進尺者

你的平穩和平衡必然不復存在，因為你早就把自己依附在他的體魄裡寄生。

你的退讓與姑息，身邊容易養出那些得寸進尺、對你毫不客氣的人。那些愛對你指指點點的人，關係界線混淆不清，總習慣把自己要負責及承擔的事推給別人，或期待有個「意外」發生，讓他可以獲得不用負責及免承擔的「意外收穫」。

他面對自己要妥善思考及規劃的事、自己要想清楚需要付出的代價和心力、自己需要承擔的後果及風險，在著手進行但漸漸出現問題和狀況時，甚至行不通時，就開始以無辜、不知該怎麼辦、要求通融及體諒的方式，期待你或要求你解決。他習慣以各種不同的方式和姿態，來獲得他人的承擔、犧牲，或是無條件給予通融，卻不自我反思和檢視自己所做的行為和決定過程，究竟少考慮了什麼、少做了什麼瞭解及評估。

這種一直不為自己負責及承擔的內在心態，使他的人生持續地在「不思考及不承擔」和「期待一個不用負責任的意外驚喜」中，循環再循環、重複再重複。若是身邊剛剛好有一位慣於拯救別人，來獲取「自己是好人」和「自己好有能力」的假象者，那就會剛剛好一拍即合，成為緊密的共生體，相互依賴和索取。

你身邊存在這樣一個不負責任的人嗎？而你正是那一個拚命負責任的人嗎？

共生的依賴與索取

在這樣的共生關係中，抗拒為自己的行為舉動負責的人，因為鮮少真的需要為自己的作為去付出什麼代價，所以也不會去痛定思痛地思考，究竟自己什麼樣的行為舉止，造成了那些生活的問題及混亂的關係會如此接連發生。他死命依賴，放棄身為人可以具備的學習力和自我充實的機會，畢竟只要能喚來某個人為他承擔和負責，他就能繼續享受那不用負責及免承擔的「意外收穫」，何樂不為？

而拚命負責任的人一面擔憂地說著：「怎麼辦呀？你有那麼多問題不會解決，怎麼辦呀！你的生活怎麼會有這麼多問題？」然後一面扛起那些問題，拚命指揮和指導，甚至直接動手解決那些問題，務求迅速平定。

甚至，有些拚命負責的人會以解決別人的人生問題來擺脫自己的生存焦慮及低落的價值感，會不停地製造別人需要他的假象，並且不斷地強化別人是不行的、軟弱的、沒能力的；或是在別人身上強加「不幸的」、「可憐的」、

「無助的」等等標籤，以此來弱化他人的能力，認定他人無法學習也無法從經驗中獲取歷練，所以需要自己介入。

但是，這種看似幸運的共生真的能夠長久存在不消逝嗎？或許一時間這段關係各取所需，暫且相安無事，但負面的情緒壓力其實也在慢慢醞釀中，到了某一刻，當拯救者擔待不了了，或是能量耗竭殆盡，就會開始轉變為迫害者，開始批評依賴者的無能與無助，並壓迫依賴者要去改變，甚至以情緒失控及咆哮，或是惡言相向的方式羞辱依賴者。

這樣的關係模式和互動方式，又豈能三言兩語就斷定哪一方是受害者呢？在關係的歷程中，這兩方已在不知不覺中成為彼此的加害者及受害者，往他們早已寫好的人生腳本發展：依賴者更加無力負擔自己該盡的責任，拯救者怨嘆自己的付出及投入付諸流水，還是沒能讓依賴者感恩回報，成為一個像他一樣有能力、有擔當的人。

或許最終你會問，依賴者為何可以始終坐在依賴者的位置，什麼都不用承擔和面對呢？除了他總能嗅出誰能成為他的拯救者之外，重要的是，他的得寸進尺持續被默許，從一點點小小的請求開始，接著提出更多要求，一步一步往前跨進，於是要賴得更多、推卸得更多。

他們總有本事讓別人卸下對他的戒備，或許以無害無辜的假面出現，或許以不知情不了解的姿態出現，更多的時候，他們會展現出強烈的無助和一點兒辦法都沒有的狀態，讓人升起要「保護」他的念頭或衝動，不忍心讓他受挫和失望。這種透過情緒張力和情感關係來做為操控的人，往往是得寸進尺的高手。

這樣的高手在人際間為數不少，畢竟慣用這種操控術來進行關係剝奪和侵略，在如今這個充滿利益競爭的社會裡，各行各業都在鼓吹，從讓你拿出最小額的成本或代價開始，接著再一點一滴地把你的資源和金錢吃乾抹盡，這樣的實際案例相當多。

是否你已習慣餵養這樣得寸進尺的人？是否你無意識地常期被剝削和侵占，漸漸地也理所當然覺得剝削和侵占別人根本沒什麼？滾雪球般惡化的人際互動，或許在你的生命模式裡早已有跡可循。

第六型

理性、感性，傻傻分不清的錯亂者

若將痛視為生命裡的理所當然，試著與痛共處，或許痛會向我們揭開另一層生命的體驗。

很多人常說：「我就是沒辦法啊！我情緒爆發，情緒衝出來時，我一點辦法都沒有，也完全不能思考啊！」

或者說：「我不知道我的感覺是什麼，我只想解決問題，只想趕快把情況處理掉，我根本感覺不到情緒，也不懂別人為何會有情緒。」

會說這些話的人，很有可能是關係界線混淆或是鬆散的人，因為關係界線混淆或是鬆散的人都有一個共同問題，就是「理性」和「感性」的功能分化不佳。也就是理性和感性混為一體，失去各自的功能。

該要理性思考及辨識（想清楚）的時候，情緒氾濫澎湃，完全覆蓋了思考力，綁架了「理性」，以致讓自己處於無法思考的狀態。

但要發揮感性、發揮情感功能，需要好好表達內在的情感、傳達出情感時，反而又受「理性」壓抑或束縛，用各種規勸、評論、想法不停地抑制自己的情感，避免接觸自己的情緒。

到頭來，要好好表達情感時，情緒出不來；要好好理性思考判斷決策時，卻被情緒覆蓋，無法做最好的決斷。

這種無法讓自我個體內在的理性、感性在適當時候各自發揮，無法行使不同的心智功能，拿不好界限的狀況，是人我關係界線不分的開端，也將成為對外的人際關係和生活之所以處處混亂、混淆的根源。

想練好人我關係界線，必須先練好自我各部分的功能界限。情感和思考，一樣重要；一旦偏頗了或像是麵糊黏成一大團，就無法有明確的功能運作。

論理、論情，都需要練習。

思考功能有存在的必須，諸如：運用邏輯了解問題及思考解決問題的策略、客觀評估問題形成的因素、歸納及分析、預估代價及後果，以及考量現實以了解事情會有前因後果的發展，這些都是屬於認知思考功能的貢獻。

思考功能被覆蓋或被抑制的人，大多因為情緒能量張狂，只要情緒衝動而作用大，就難以冷靜地運用理性好好思考、好好釐清。

反過來說，情感功能也有存在的必要。情感是個體與群體之間得以連結、交流和凝聚，非常重要的頻率管道。透過情感的傳遞，我們能獲得存在的意義感和歸屬感，也能在情感共振中感受到一種親密依戀感，而減緩孤寂及疏離的發生。

一個情感功能受到抑制或是被隔離屏除、缺乏情感能力的人，就會難以和他人交流，也難以跨越自己的孤獨，去和他人產生一種連結及情感交流。他人也無從接觸到他的內心感受和經驗，無法和其產生共鳴，以致情感關係總是斷裂或疏離，無法延續，更不用說建立深刻、有意義的親密關係了。

欠缺平衡發展理性與感性的家庭經驗

在我們周遭，這種理性和感性功能混淆在一起的情況，十分常見，源頭主要來自我們的家庭經驗。試想一下成長過程中，當你和家人需要情感交流和共感時，這個家卻總是抑制情緒的發生，或是偏向說教和分析，情緒經驗就難以流動，也難以因為交流而調節，所以情緒就會累積、膠著，漸漸地被封存，甚至發酵扭曲。

反過來，假若當你和家人需要客觀地瞭解情勢和因素，以便真正地知道如何妥當地去面對及解決現實的問題時，這個家卻是淪陷在情緒風暴或漩渦中，不是情緒性地宣洩，就是不斷誇大情緒，任由情緒綁架理性，那麼這個家等於被情緒操控，根本做不到理性思考和客觀瞭解問題，以致遲遲無法去化解問題，而使問題重複發生。

不管是哪一種情況，身處在理性功能和感性功能無法各司其職的家庭環境下，自然也會被傳遞這樣的狀況，理性和感性的心智功能相互吞噬，或任意壓制另一方，以致無法平衡和維持各自的功能。

如果你願意覺察，那麼試著先從你自己反應出來的口語習慣覺察起。你會發現心智的某個功能，根本被你棄守或拋棄了，被你疏於照顧。當你對自己覺察夠了，你也會發現原來身邊有許多這樣的人，理性和感性功能混亂，或偏頗地只依賴一個功能，把另一個心智功能的發展全然抑制了。

若是你的理性和感性功能這般混沌不明，相互抑制或吞噬，它們又怎能在你需要的時刻真正派上用場呢？最後就是混亂到自己弄不明白，往往即使事情過了，還是覺得混亂到理不出頭緒，無從歸納和分辨。

要練習鞏固好自己的內在界限，要維護好關係界線，那麼就先要做一個完整的人，有完整的心智功能，能思考也能感受，有想法也有情緒。然後，幫助自己去釐清及思索每個不同情勢的當下，真正要運用的功能機制是什麼。

於情，能同理、連結、回應、共振。於理，能分析、歸納、組織、決策。

當你清楚覺知自己的言行，勇於面對、敢於承擔，你就能撥開界限不清的迷霧。

第七型

透過努力想證明存在價值的內疚者

若是因為別人的情緒而影響自己的選擇，那只會讓你成為別人情緒的俘虜和囚犯。

很多人都會疑惑，為什麼總有人敢「軟土深掘」呢？難道那些人不會不好意思？不懂得克制嗎？

關於這樣的問題，我們可以這樣理解：

一、如果那樣的人懂得人我關係要有界線，要能尊重，就不會做出「軟土深掘」的行為。

二、若老是讓人覺得你是一個很能給予、很能付出的人（無論是時間、體力、財力、心力、勞力），為什麼他不跟你要？既然你沒有明確說不行或不能，而且好像永遠可以提供似的，他自然就會一直要。

除非你讓他知道，你沒東西可以給了，已經見底了，再繼續討繼續求也沒了，那他才會知道一直巴著你，是什麼都得不到的。

那麼，這樣說來就有一個更深一層的問題——會不會是你不想讓他覺得你沒有、你不給，所以才讓他一直覺得你是一個好人、善良的人、樂於助人的人？你心中想拿好人卡？還是大善人匾額？是不是很需要一種被肯定「你人很好」、「你好善良」、「真是太無私了」的稱讚？

很多人都會立刻否認自己想當好人或大善人，覺得自己只是習慣避免衝突、害怕衝突。

但你看，習慣避免衝突的人是你，又不是對方，既然你不想衝突，對方自然不會感受到衝突，反而感受到你的和順和配合，那麼他又為什麼應該要知道有所克制？

自己的界限要自己練習守護，不能老期待別人能有自知之明懂得自己的分寸。你做不到的事，就直接明確表達，總好過拉扯和不停試探，也可省下彼此周旋的時間。

如果你發現有人就是老向你討要、要你給援助或是資源，而不向其他人試試，那麼，你就需要留意一個問題：為什麼非你不可？

害怕別人跟過去的你一樣受傷

你一定明白，我們都害怕被拒絕。假如你在過往曾經因為被拒絕而感到受傷，無論是自尊受傷、自我價值受傷，或是自我認同受傷，只要那傷未痊癒，還在你內心潰爛發炎，不停作痛，你就會投射到別人的身上，害怕別人也會因為被拒而承受像你過去一樣的重傷。

你害怕對方受傷，也恐懼自己成了讓別人受傷的人，因此你立刻就會「內疚」，於是，要自己棄械投降，自願當一個不會拒絕別人的人，這樣你就不會讓別人受傷，你就不會成了劊子手，不會如當初拒絕你的人一樣，那樣的可惡和冷酷。當然，你也就不會被自己的「內疚感」折磨與傷害了。

你害怕別人受傷，因為你想起自己以前受傷時的無助及可憐，所以你想像不到別人即使被拒絕了，也可以想到辦法或是去學習怎麼解決問題。

你想不到這些，因為你已經被困住了，所以你分不清楚現在向你提出要求的人，和以前遭遇被拒絕的你，其實不是同一個人。過去的你和眼前的他，早已經影像重疊到分不清誰是誰。

你需要重新釐清，眼前的人不是過去的你；現在的你，也不是以前被拒絕而感到好受傷的你。界線的釐清之一，就是不要把明明是不同的兩個人，硬要想成同一個人，結果用同一人的概念，去除人的獨特性和差異性，過度類推，不願意細細思量和清楚分辨當中的不同。

其實，這種不願意想清楚、看明白情勢和局面，一股腦地用一種自動化又衝動的「內疚」方式因應，那是來自心底的焦慮。確實在處理那些糾結不清的拉扯過程，會很不舒服，很不愉快，若還因此勾起過往那些不舒服的人際互動經驗，不論是曾經被拒絕的羞恥和難堪，或是想起過往那些無情、那樣糟糕惡劣的人，這些和潛意識負面情緒經驗黏著的反應，就像是內在有一個強力席捲的黑洞，要將自己吸進不知名的暗黑漩渦，非常可怕。

如果，你因為過往的傷痛或被拒絕的失落，封存了這些負面經歷，再把這些經歷投射到另一個人身上，把對方想成當年的自己，把自己想成過去讓你受傷的那些人，那你終究會把所有時空混成一團，讓自己的選擇和決定變得困難無比。你已不是在就當下的現實情況、真實能力，去思考自己的選擇及拒絕的權利，反而是把現在的時空投射出好多過去的影像、過去的遭遇。

如此，你是無法有現實感地去評估自己真正能做的選擇是什麼，而被一種內心不知名的情結和情緒拉扯、困住。

你可能誤以為是你過去不夠好，才會被拒絕、被排除，才會經歷到失落和傷痛，這些傷心的記憶和經歷，讓你為了證明自己夠好，而不斷地答應他人、應允他人，即使他人已經得寸進尺，對你沒有任何體恤和尊重，你也停不下來。

任何停不下來的衝動，那一股動力大多來自情結，不然就是創傷的陰影。為了防止創傷再發生，為了避免接觸到傷痛的情緒感受，我們使盡全力，就是要迴避有可能再遭遇不測的機率。而最大的迴避，就是為了迴避再被視為不夠好、不重要，而任意被排除、被拋棄。

但，你要知道，你的存在原本就是值得重視，原本就有你屬於的價值。你不需要為每個人的需求而存在，也不需要透過別人的滿足，來證明自己的存在夠好。

如果，你願意從內在開始認同自己的存在，優先重視自己的價值，不總習慣質疑自己是「壞的」，你就會有機會好好告訴自己，你的好不需要建立在別人的濫用上，你可以放自己自由；自由選擇、自由決定、自由行動，也自由真誠地做你自己就好。

第八型

把他人當工具的自戀者

若是他的日子裡沒有你的位置，也沒有對你的考量及在乎，你卻把他的日子當自己的在過，你怎麼可能不失序不失常？

有些人在要求別人提供協助或為他做事時，態度輕慢隨便，就像是抽拿免費衛生紙一樣。做這樣行為的人，在他的認知裡，完全不去考慮別人要為此所花的時間、力氣、心力、腦力……，彷彿別人隨時隨地就可以提供、給予他任何的滿足。

這是什麼樣的心態呢？除了依賴之外，更大的部分是，在他的世界裡，別人並不算是個「人」，當然也不需要用尊重和有禮的態度來對待。

他把別人當作機械工具一般，他提出要求，別人就要滿足他，就像是對機械按一個鈕，機械就要能夠自動啟動，並且沒有任何的情緒感受，當然也不會有任何的疲累和消耗。非常多人就是這樣對待關係中的另外一方，把另一方看成是一個「滿足供應器」的存在。

他幾乎不會花時間或心力去體會及理解他人究竟要在提供及付出的過程裡，經歷些什麼、面對些什麼、遭遇些什麼。

他總是認為別人輕輕鬆鬆就可以做到，卻沒有想過自己要去經歷那些過程，以及付出該付出的勞力、心力。

所以真的很輕鬆嗎？如果輕鬆，那為什麼他不自己去做呢？

這樣的人若不是因為太習慣指揮別人以及指使別人，總是認為別人理所當然地就必須給予並且滿足他，要不然就是因為腦袋裡從來不曾體會及同理別人的經驗和感受。

太多人以自我為世界中心卻渾然不覺。他的口氣裡常是：「你讓我太失望了」、「我不喜歡這樣的你」、「我要給你一個負評」。

他嘴上的「我」是高高在上的，一切以他的標準在斷定世界。而他口中的「你」，就是一個應該低下的人，應該照著他的要求及評價來作為或表現，否則就是一個不值得關注和給予重視的人。

這樣的人，活在僅有「自己」存在的世界。其他的人事物都只是投射他既定的觀念和設定，若違背了，就該被去除，甚至消滅，免得破壞他心中設定的「完美理想世界」。

活在自我中心的世界

具有如此強迫傾向的人，太理所當然地把別人「物化」、「工具化」，絲毫不認為這世界其他人的存在各有他的位格和空間，那是無法被剝奪和侵害的。

有強迫傾向的人，因為強迫的心理作用，所有的力氣都拿來進行控制和要求，以免自己崩潰及混亂，以致他無法真的理解和接受每一個人都是生命體、有機體，是不能用控制來對待的。

在社群網路上常見到有些人這樣表態：「我要收回我的支持」、「我不喜歡你做的事，我要退讚」、「你說的話讓我太失望，請你改進」……，這種表面上的支持，其實是一種支配和索求：「若要我支持你，照著我的心意做。」

並非說人不能表示不支持或不喜歡，但支持與否、喜歡與否或認同與否，都是一種權利，問題不在於這些感受或心理反應，問題在於以自己的感受或情緒來要脅及強迫另一個人，忽略及無視了人與人之間須相互尊重及對等，彷彿讓他失望了，就是一個天底下最大、最糟糕的事情；讓他不滿意了，不論是誰都應該受到他給的懲罰，這才是在人際關係中最大的問題。

在自我中心的狹隘角度裡，行使支配及控制別人的行動和選擇，實際上正是一種剝奪和侵害。然而，自我中心的人卻渾然不覺，因為他的自戀，使他看不到自己對別人的壓迫。

健康的界線必然會有彈性，同時可以交流，也有防護的功能。就像是虛實之間的線，實線是防護，讓我們能減少外來的衝擊或破壞；虛線就像是房子的門窗，是要保持流動的空間，讓內在有些對流，保持新鮮空氣的循環。

但一個自我中心的人，他的界限是極端封閉的。為了維護自我的利益，和滿足自我的欲望和需求，他固執己見，鮮少真的開放心胸去理解和關懷他人的存在和獨特性。

他用自己的尺，不斷衡量別人有沒有犯規（他內心的規矩），又不停拿著榔頭敲打別人不符合期待的地方。越是讓他失望，他越是怒不可抑，極度想用所有力道去消滅他認定的錯誤，包括他認為有錯的「人」。

你的生活已被這樣自我中心的人所指揮嗎？

你要認清，身為人，我們無法什麼事都有辦法和能力，總有極限。「請求」要好過於「要求」；「詢問」要好過於「指使」；「尊重」要好過於「理所當然」。

你可以用一個準則來看待雙方的互動關係：他的表達多慎重，你的考慮就多慎重。你要有比例原則，當別人輕易地隨便說說，不用心、不看重自己的請求，你也不需要那麼慎重、用力地滿足他的要求。

面對自我中心、趨近自戀性格的人，你實在不需要奉陪，更不需要賠上自己的身心健康和資源，平白無故地消耗了自己啊！

要知道，你若自己都不在乎自己付出的時間、心力、體力、勞力，又有誰會比你還重視和在乎呢？

第九型

放棄保護自己身心安全的棄守者

你仍讓自己反覆受傷、受挫，反覆讓自己經歷到外在的遺棄與拒絕，卻遲遲不願意好好保護與照顧自己。

如果，你住的空間不會任意讓人闖入侵占，那麼，你的心理空間更是要如此。

沒有人有權力可以侵入你的心理，威脅你、侵占你，自顧自地在你的心理丟洩廢棄物，或是隨意製造破壞和髒亂。

不要習慣把自己的心理空間暴露出來，不要懶得為自己建立完善的防護。

倘若你不會任意隨時打開你的居住空間，讓人破壞安全範圍，或是任意搬動及使用你的家具物品，那麼，請記得，對你的心理空間更是要如此。

為自己的內心把關，審視自己的內心，讓自己的內心維持好的安穩品質。與會任意踐踏別人空間的人，保持距離，拉開差距，更重要的是，別輕易地打開心門。要知道那些習慣掠奪、侵犯他人空間的人，對於侵入他人的私領域，覺得理所當然，壓根子不認為有什麼不對，反而認為你應該打開大門，任他侵占掠奪才對。

所以，不要想用爭辯的方式，想讓對方知道錯了，或是讓對方知難而退。若是他能明白及理解，又怎麼會擅自地侵入你的空間、你的領域呢？

為了維護自己的家園寧靜和安全，你需要強而有力地請該出去的人，離開。你才是你內心空間的主人，不需要聽人議論或質疑。

任何不請自來，或是明明知道你已告知勿侵犯私人空間及領域，卻還是硬闖進來的人，就是侵入者、冒犯者。若是你無法擋住他的惡行和粗暴，那麼讓自己離開，越迅速越好。

若是一時離不開，就要以最短的時間求助，找到可以幫助你的周邊資源，就像是你若是生活空間遭遇入侵，你需要立刻報警，或是尋求他人的關注和協助一樣，而不是默默承受。

面對他人的暴行或侵犯，確實會引發我們內在強烈的恐懼感，恐懼和威脅感一旦上升，我們的情緒邊緣系統警鈴大作，往往就會抑制我們的理性，也會讓我們的行動僵住，無法動彈。

因此，你要練習，越危機時刻，越需要冷靜。因為唯有你不被大量恐懼情緒綁架和淹沒，你才可以彈性運用思考能力，想到可行的各種因應策略，包括找到最近的協助。

我們需要平常就練習對內心門戶的看守和維護。若平常沒有練習成習慣，一旦遇到他人的侵犯和控制，大腦就會當機；一旦被強大的危機感和恐懼感壓制，就會真的誤以為自己只能無助地任人踐踏和侵犯。

練習當自己的家長，也練習當自己的保護者。如果，你曾期待誰能成為你的保護者或靠山，或曾想像過誰會援救你，那麼想想為什麼你會認為對方可以保護你、支援你？

對方有什麼能力和特質，讓你認為他有足夠的保護力和能力，能成為你內心的守護者？

內在無助的小孩

當我們無法成為自己最重要的保護者時，代表我們被過去某些經驗困住和綁架。也許是覺得自己很弱小、無力，所以只能不斷受他人欺凌；或者，過去你所受的教育或是對待，都是權威式地要你接受命令和指揮，以致你不確定自己是否真的有權利說「不」；又或者，你曾經遭遇很大的暴力和虐待，在極度恐慌和焦慮下，只要過去那些不好的情緒記憶一被勾起，你的思緒立即回到過去時空，彷彿再一次重現那樣的恐慌和無助。

想要在每個當下，都有保護自己的行動力和靈敏力，這事真的不容易。如果我們把完整自我和內在的關係，比喻成一個成人和一個內在小孩，失去行動力和靈敏力的成人，是無法保護受到驚嚇和威脅的小孩，反而可能讓內在小孩必須以強烈的情緒掙扎和反抗，用強大的情緒反應嚇跑周圍來威脅的人們，才能讓外在的成人得以避免被壓迫及欺負。

韓劇《山茶花開時》描述一位未婚的單親媽媽，帶著孩子到鄉下經營一間居酒屋過活。但她自己的早年，被媽媽拋棄至孤兒院，她沒有感受過什麼是被保護，只能憑著自己的努力和毅力活著。

所以，在單身養育兒子的過程，她常受到街坊鄰居惡言相向，還要忍受被周遭的人說三道四。她承受著無比的壓力，卻不知道如何應對這些不合理且十分殘酷的對待。

她不是任由別人不明就裡的酸諷辱罵，就是遭受周圍的人冷漠排擠。每次當她受到極大的攻擊及惡意對待時，她八歲的孩子就會急忙挺身而出，用強烈的憤怒口吻喊著：「你們不准欺負我的媽媽！」喝退那些惡意的三姑六婆。

當這個媽媽把兒子帶回家後，這個想當好媽媽的女人，問她八歲的兒子為什麼要這樣對別人說話時，她的兒子爆哭著說：「我也很厭煩這樣的日子，但是妳無法保護我啊！妳總是被欺負，整個社區只有我一個人喜歡妳，大家都討厭妳，我只是一個小孩，我也不想總要衝出去保護妳，害怕妳受傷啊！」

一直有著「我不想給別人添麻煩」，總是迎合別人，所以跟別人起衝突時，寧願先逃跑的女性，是無法帶給她的孩子真正的保護。她連自己都保護不了，又怎能瞭解孩子的處境和心情呢？

我們和自己內在小孩的關係也是如此。外在成人的我，若只顧著不要和別人起衝突，不要惹別人討厭，不顧及自己的感受時，自己的內在小孩只會有更大的委屈，更多的憤怒，甚至因為過於恐懼，而必須爆衝出可怕的情緒，來抵抗外在環境的威脅和不合理對待。

我們的完整自我，成人的自我，需要關照及理解自己內在的感受和需求，真正地做一個能保護自己的人，我們內在的情緒才可能安穩。能信任自己，有真實的安全感，我們才能內外一致地找到適切的行動和方法，捍衛自己的權利，維護好自己的安全界線。

第十型

無法拿捏人我關係距離，不懂尊重的操控者

只因為「別人說」、「別人要求」而做，你心裡必然不認同，也難以接受。

越是無法拿捏和別人的關係距離的人，越是容易一不注意就侵犯了別人，或是被侵犯。

為什麼呢？

因為他往往不知道「尊重自己」為何物？總因為別人就委屈或漠視自己。而越是漠視自己，越容易侵犯別人。因為他不知道自己的真實感受和選擇

是什麼，怎麼可能去瞭解及同理別人的感受和選擇呢？

往往因為常常漠視自己、委屈自己，所以當別人堅定表示拒絕及表明界限時，就會非常生氣或受傷，有更多的不解及委屈：「為什麼總是我在做好人，但是別人都對我那麼冷漠和無情……。」卻始終沒有回頭看看自己的個體界限是否正是生活混亂和人際關係錯亂失序的來源。

別先做了混淆人際關係界線的人，才來怪罪別人為什麼要把人際關係的界線分那麼清楚。不尊重自己，就不會尊重他人自有其心理界限及選擇權的存在。

人際關係界線不清的人最常說的話就是：「你好自私」或「你太敏感」。用「你好自私」的道德論述，和「你太敏感」迴避問題的方式，來簡化很多複雜的人際關係互動和相處問題，只是想以引發別人罪惡感和羞愧的方式，來命令別人應該照著既定成俗的觀念走。

然而，很多道德觀念是從權威的控制者而來，本質上並沒有經過充分的討論、交換想法，也沒有就實際的情況加以釐清責任歸屬。

越是不知道如何處理複雜人際問題的人，越是容易以簡化的道德觀點來要求自己，也指使別人。

例如，一個人因為自己非理性的罪惡感和內疚感，總習慣不去追究家庭各個成員的責任，反而背負起其他家庭成員的生活問題或是財務問題，然後再以「能怎麼辦？那是家人啊！做人不要那麼自私」等等的說法，要求自己去除感受，壓抑內心的委屈及不平，不斷地以自我犧牲承受家庭成員重複出現的不負責行為。

但當他看見別人能畫出親情界限，釐清雖然是家人，每個成年人卻都有自己的生命課題，以及每個人必須承擔選擇如何過生活的代價，因此選擇不過度介入和出面解決，過著保持彼此的個體界限、關係安全距離的生活時，這個莫名常受道德綁架的人，就會把他的委屈和不平，轉嫁給那個有界限原則的人，並大喊別人「自私，只顧自己」。

無禮的他反而指責你無情

這種混淆不清，連自己的思想、反應、行為習慣從哪裡而來都無從覺知的人，受到很大的框架束縛，以至於自己的主體性被去除和侵占時，也難以覺察。他下意識地就把要求自己及苛待自己的方式，理所當然地要求及期待別人也要如此，別人如果沒有照做，就是可惡，就是無情。

尤其華人社會長期以來不重視思辯，也不在乎辨識事情的細節，總是習慣一團一團、一塊一塊看事情、評斷事情，懶得動腦去思考、探究應當如何進行及處理才會更好等等問題，往往一下子就落入「不要想太多，照著做就對了」慣性的認知模式——不論這樣的認知模式有多麼含糊不清，或是根本邏輯不通，想當然耳地就認定所有人都要比照辦理。

這樣的反應會有「尊重」存在嗎？既不尊重自己身為完整個體的權利，也尊重不了他人身為完整主體的權利，總認為別人都該如此，不要分你我，叫你出來做，做就對了；叫你出來擔，你就該識相擔起來。

這當中沒有詢問、沒有瞭解，當然沒有對話和商討。沒有界限概念，無法拿捏人我關係距離的人，因為對於冒犯和侵占沒有概念，因此就常做出令人困擾的舉動和要求，並且還出現一種全然的無知，對別人的反彈和不舒服的感受，沒有一點敏感度。甚至在別人已經盡量客氣、禮貌的表態時，仍是毫無顧忌地要求和侵犯。

欠缺人際情境的敏感度，正是對如何拿捏人我之間互動的界線一無所知的人，某個層面來說，也是屬於一種自我中心，以自己單方面的角度和認為，就推論至這世界的其他人，認為只要自己不介意、沒關係的，別人就應該同樣不介意、沒關係。像是問人家隱私、詢問別人私生活，甚至大聊別人的八卦，都是一種自我中心的表現。

可笑的是，你若是介意，希望他停止，不要再觸及一些個人隱私的議題，他還會表現出更大的無所謂，說出更多沒道理的言詞，要求你說出他想知道的事情，一旦你不從，他還會理直氣壯地顛倒黑白，指責你小鼻子小眼睛、沒有氣度、太緊張敏感。

假若你的身邊確實有這樣把自我中心表現得如此明顯的人，那麼，想要守護個體界限的你能做的，就是盡早告別他、結束談話，否則也只是落入受他操控和愚弄的迴圈，是不可能從他那兒得到任何尊重感的。

如果我們只是按照自己的性情去發展，

而不顧對方的感受，

那麼所得的結果一定是：

我們變得趾高氣昂，讓人厭惡。

——個體心理學創始者阿德勒

第二篇

人際界線失守的關係陷阱

覺察那些以愛為名的傷害——

陷阱一

是剛剛好的愛，還是控制的愛？

很多人對親近的人給予所謂的愛，是自己認定的、自我中心的，是看重「自己」的愛。

愛要剛好。

自以為是地為別人好的愛，是支配；

自我中心幫別人安排的愛，是控制；

擅自決定別人應該怎麼回應的愛，是操控。

很多人對親近的人給予所謂的愛，是自己認定的、自我中心的、擅自決定的——「因為我愛你，所以你應該怎麼回應我的愛……。」

他們看重「自己」的愛，勝過於真正重視另一個人的存在。沒有界限和尊重的愛，大多是以愛為名行滿足私欲之實的控制和支配。

愛，要剛好。

要能尊重別人和維護他人的界限，愛才能剛好，不能因為說是愛，就侵犯和占有，失去了最基本的尊重。

不成熟的愛正是如此，依賴和占有，並用很多理由和藉口，勒令你要滿足及符合他認定的愛。成熟的愛，是尊重和理解。不因親近了就生侮慢。

越是親近的關係，越需要尊重，因為關係親密了，就容易把對方的東西想成自己的，剝奪了對方的主體，悄悄地用自己的意念去左右對方。這是在找傀儡玩偶，是在玩弄別人於鼓掌。

愛一個人需要學習，才能把不成熟的愛，轉化為成熟的愛。

在學習的過程，明白每個人都有自己的歷程和人生想實現的方向。就如孩子會成長，不會一直待在父母身邊，他們有自己要追逐的人生，有要實現的自我生命價值。

被剝奪自主的孩子

不成熟的父母，把孩子當作自己人生的玩偶。打扮孩子、指揮孩子、左右孩子，把自己的自我意念延伸至孩子身上。自己怕寂寞，就要孩子停止長大、停止交朋友、停止戀愛、停止發展夢想，只要剩一具沒有思考、沒有感受的娃娃就好。

在繪本《手，琵琶魚》裡，說了一個故事。從前從前，有個媽媽生了一個白皙漂亮的小孩，媽媽好愛這個孩子，想滿足孩子所有的需求，甚至想把日月星辰都給這個孩子，將孩子照顧得無微不至。讓孩子飯來只要張口，也完全不需要用腳走路，因為媽媽會背著孩子走。

直到有一天，媽媽累了，開始想要孩子拿食物給她吃，但孩子說因為從來不需要用到手，所以手萎縮不見了。

媽媽只好轉而要求孩子背她走，因為她腿很痛。沒想到孩子對媽媽說，自己從來沒有在地上走過路，所以腳也不見了，所幸他的嘴巴很大，他會張開口……。

媽媽發現這個長大後的孩子不符合她的期待，不完美，真是個廢物，氣得把孩子扔進海裏，任由孩子在淚海中載浮載沉，不斷地哭泣著，期待能重新回到媽媽的懷抱。

這故事讓你聯想什麼？或感受到什麼呢？是不是很悲傷呢？被寵溺和不停滿足的過程，究竟是愛還是剝奪？

看似愛得很濃烈的媽媽，源源不絕地給予孩子滿足，卻造就一個只剩下大嘴巴的孩子，沒有手腳能夠回饋媽媽，被媽媽嫌棄及痛罵，最後被丟到海裡載浮載沉。這猛然的遺棄，讓驚慌失措的孩子不知道自己到底做錯什麼？哪裡不好？

你有沒有這樣的經歷呢？始終不明白自己哪裡不好？為什麼好像得不到父母的認同或肯定？還常被嫌棄和鄙夷？

其實這一切都是一場局，名為「控制」的局。他們口中所謂的愛，其實是先付出後要得到回報；要聽話、要有用、要不離不棄、要不會長大，始終和順地做父母的洋娃娃。

但是一旦你被剝奪很多自我能力，無法去因應父母更大的期待和要求時，你就成了一個失敗的孩子，一個令父母想要切割遺棄的孩子。

在故事裡，或是在現實生活裡，有多少這樣的故事呢？

你必須完全符合父母在各種時刻的期待和設定。你只要接受、只要服從、只要聽話，都不要表現出其他的個體意見、思想和感受。一旦你不照著期待和設定來反應，就是一個令父母失望、挫敗和萬分悲痛的失敗品，應該予以拋棄和切割。

家庭和父母，正是個體之所以失去界限的最初源頭。假若在你很小很小的時候，就已經不被允許是獨立的個體，長大後就難以肯定自己的存在價值與意義了。

陷阱二

有些人對你的親近，其實是隨便

一段關係不管如何親近，都需要學會善待。越是親近，彼此越是要不失去尊重和禮儀。

親近了就生侮慢，是華人社會特有的產物。

好像與他人的關係一旦自認為親近到某種程度，就可以任意對待或隨意要求。甚至有些時候，不見得真的熟悉到某種程度，裝有關係、牽關係，也一樣可以厚著臉皮盡情索求和任意對待。

這樣的心態忽略了另一方的主體感受和狀態，還有對方的立場和想法，然後自顧自地認定這段關係就「應該」要這樣那樣、給這個給那個。

支配和侵犯性，是華人悠久的階層和奴役制度下，不可輕忽的影響。只要我覺得我有權力使用你、支配你、指揮你、占有你、期待你，你就沒有說「不」的權利和自主性：「只要我覺得你位階比我低、資格或輩分比我淺，你的都等於是我的，無論是時間、精神、體力、注意力、資源、物質、金錢……。」

因此，在華人社會，關係才會那麼令人不舒服、感覺窒息和不尊重，甚至引發許多不安全感，而必須採取冷漠或拉開距離的反應。於是，最後我們只能成為一個個不再親近與信任關係的人，成為在社會中一個個孤單的人。

越是親近，彼此越是要不失去尊重和禮儀。將一段關係裡的兩方都視為主體，才不會漠視自己，又吞噬占據別人。經營任何關係，都要帶著覺察的意識，去學習平衡及和諧。

在關係裡，試著做一個讓別人感受到安全及舒展的人，而非感受到吞噬和控制的人。

在關係裡被吞噬

人本主義心理治療大師卡爾・羅傑斯（Carl Ransom Rogers）認為，雖然每個人之間的潛能有差異，但仍會自動自發且運用能力去改善自己的生活。假使讓一個人生活在有益於成長的良好環境裡，任其自由發展，將會培養出一個健康且成熟的自我。這是因為人有向上和向善的本能。

反之，一個人如果受到壓抑及阻礙，甚至破壞，因為受內外情境不一致所干擾，外在和內在必須承受扭曲的衝擊和曲解，就會試圖否認自己的感受，不敢直接說出自己的經驗，以致自我扭曲的結構一直持續著。

所以，很多人在這種具吞噬及壓迫的環境下，一旦體會到關係靠近了，就會產生許多的不適、失衡、控制和剝削。當關係衝突、不舒服了，要嘛指責自己冷漠、小題大作、小氣，要求自己不應該有情緒；要嘛一竿子打翻所有人，認定只要是人，就會做很多控制、欺侮、剝削和侵犯的事，怎麼也不能讓別人有機會親近自己。

這種必須保持一種扭曲的觀點，以便因應我們和外界環境的衝突和不協調，是我們生長在這種體質不良的社會，會發生的後遺症。

為什麼一旦所謂「有關係」了，就開始隨便對待呢？這到底是怎麼發展來的觀念和既定印象？

才剛認識的兩個人，為了讓雙方感受好、印象佳，都會刻意地細心留意說出去的話和行為舉止，深怕如讓對方反感，就無法建立關係了。

但是一旦關係進入穩定期，或是達成認定彼此關係的共識，那樣的細心留意就被放在一旁，開始展現出自己原本的習慣和模樣，也不在乎對方怎麼感受、怎麼想。

這種習慣反應，總是在傳達一種：只要你同意進入某種關係定義或關係角色，我就不想在乎你，我只想做我自己，你應該配合實現我想要的關係型態，這是你的義務。

你大概處處可以看到這樣的關係模式和思維，從原生家庭的一代複製一代，再到朋友關係、同事關係、夥伴關係、伴侶關係、親子關係。因為關係近了，就開始模糊彼此的個體性，並把對方視為滿足自己的工具。就像使用物件一樣，我怎麼使用物件，物件也不會有感受和反應，物件只會任由我擺放和使用。我怎麼對待物件，物件都不會因此而疲憊或是反彈有情緒，物件只會操之在我的掌控中，我不需要考慮物件是不是有它自己的意願。

有多少人是以這樣的態度和方式來對待另一個生命？把生命當物件，把人當工具，去除生命的主體意願和權利，隨意使用和操控，然後再合理化地說這是愛、重視和親近。

如果對方真正重視你和在乎你，不會不關切和不尊重你的意願和感受，也不會進行說服式的強迫或洗腦。當你發現一個人滔滔不絕地要你照著他的話做，要你不要想太多、考慮太多、感受太多，而是只要單單表現出聽從他、配合他時，請不要懷疑和疑惑，這正是「控制」，也是一種「侮慢」。

而當他說他不想在關係中太累，不想太麻煩時，那你就需要誠實地面對他在關係中付出的愛和尊重，其實很少，他只是想從關係中滿足自己的需要，而不是真正重視這段關係。

陷阱三

以「我都是為你好」來滿足自己的控制欲

總有人企圖「改變」他人，忘了自己可以「幫忙」，但不能強求「改變」。

給別人不需要的東西，不是行善。

自以為的貼心，可能是干擾。

所謂存好心，也可能做錯事。

當一個人心中沒有考慮別人的立場以及處境做換位思考，無法體會別人的經歷，自顧自地認為自己是好人而付出、而介入時，其實只是符合自己的假定，只是想讓世界符合自己的設定運作，而與他人的需求無關。強迫人接受不是尊重，一切付出只是想滿足自己的「期待」，所以當別人拒絕和不接受時才會非常失落。

總有人不明白，不是自己想給，別人就一定要收。好心也會出現破壞和干擾的行為。

總有人企圖「改變」他人，忘了自己可以「幫忙」，但不能強求「改變」。

「幫忙」是，幫可以幫的忙，幫了之後就離開，並且放下掛慮和執著。想要用「幫忙」來改變別人，那是控制，也可能是一種對人的輕視。

與人交往如果抱持「我幫你的忙，你要用我想要的結果來交換」的心態，就是交易和買賣，並不是幫忙，甚至把互動當作某一種計畫的投資了。

幫忙，是出於能為自己所可以給出的幫忙負責，知道自己可幫的限度，和不可幫的範圍。然後清楚覺知是出於自己願意「幫忙」，而不是等著別人感激和報答。

當「幫忙」變質成要求對方的籌碼，或是刻意要讓對方記得受惠，之後言聽計從，視自己為生命的救贖，那就會是一條死胡同。這樣的「幫忙」最終會扭曲變形，成為別人自尊上的一道傷口。

幫你能幫的，放下你不能幫的，在幫與不幫之間，請回歸理性，合情合理地清楚自己真實的能力和情況。切忌不要誇大，不要為了自己的自尊或虛榮，就要不顧一切地給出去。如果不淨空自己的意念和執著，這樣的幫忙也只是為了強化自己比對方優越的想像。

不要自以為自己的階層或層次比別人高。每個人都有自己的優勢和劣勢，每個人都有自己的長才和不擅長之處。所以幫忙，是一種彼此的協助和互補，我們都需要彼此的存在，也能因為各有所長，達成生活品質的提升，及自我生命價值的實現。

不斷索求回報的付出

有些人在幫忙了之後，還一直掛慮，甚至把對方的人生際遇背在自己身上，非確保對方成為什麼樣的人物或有什麼樣的表現不可。

把自己的付出當作恩情，再來要脅及索求別人回報的人，本質上就是為了他自己的利益和操控欲。這樣的人，一旦你接收了他的給予或幫助，就幾乎像是欠了高利貸，而且還是沒有止盡的高利貸，百年都會拿來說嘴，成為他誇耀自己及貶抑你的素材。

你一時意亂情迷接受了，或是一時不察對方的意圖欲念，糊裡糊塗就收下對方的給予，之後無盡的惡夢就會上演，他便成了你的地獄，讓你痛不欲生、水深火熱，隨時要活在一個他要你記起恩情、隨時還利息的處境下，讓你困窘、不安。

若是，你辨識不清這樣的情況，真的認為自己得用一輩子清償這無止盡的恩情，否則就是忘恩負義，過不了自己內在的道德批判，過不了自己翻騰的內疚情緒，那你就真的會被綁架、被勒索，被無窮無盡地索討。對方可能用一種極不合理的標準，要你做為奴隸般地隨時服侍他的需求和期待。只要他想到你，你就沒有拒絕的權利。

會把幫忙當恩情的人，早已埋下往後要索討的計畫。當他在做出付出和給予的那一剎那，他已經想到未來他的需求，以及他可能遭遇的限制或缺乏，所以他以先給來做為投資或保障。

就像父母生兒育女，如果不是把生兒育女視為豐富自己的生命經驗，想體驗父母歷程的學習和成長，而是考慮到未來要用這個孩子來保障什麼或是索取什麼，這樣的父母，勢必在孩子還非常幼小的時期，就開始灌輸孩子，養育是恩情，孩子必須以無盡的聽從和滿足父母需求來做回報。

這樣的孩子，出生沒多久，就彷彿欠下了生命的鉅額債務，債權人是他的父母。這樣的生命，又能期待有什麼樣的機會開展出自己的潛力，活出自己的價值呢？他單單不斷地被催債、逼還恩情，就夠他疲憊不堪，了無人生樂趣。

除非這孩子能有一刻明白，養兒育女不是恩情也不是欠債，那是來自父母的選擇和意願，自己的存在無法保證讓父母全然感到心滿意足，也無法保證他們不失望、不失落，更且這樣的妄想也會剝奪及忽略身為父母該有的命定課題，那麼才能跳脫心裡沉重的負擔。

與人互動，你終將要明白，你真正能做的，是活出你自己生命的活力和豐富，身為人，你要好好地成為人，而不是奴隸或是工具。活出你自己的自我實現，好好地愛自己、學會愛他人，好好地工作和生活，這就是你這一生真正的意義。

活著，是為了創造生活世界的幸福，這才是意義。

陷阱四

他人的「理所當然」只會害你瞎忙

當你可以不受對方的失望情緒勒索，尊重他的情緒經驗，看清他該有的責任，你才可以還給彼此完整的個體界限。

一個人若沒有個體概念，也就不會有界限概念，因此常認定自己所認為的，理所當然就是這個世界應該成為的樣子。

而別人對他來說，只是他意識的延伸版，必須貫徹他的價值觀和信念；說起來，別人對他而言，就只是工具，而非生命。

所以，他要喝水，叫你去倒；他要有錢花，叫你去賺；他有得到某樣東西的欲望，叫你想辦法拿來他面前，提供給他。他不想要處理的事，叫你去做；他想迴避的問題，要你去解決；他懶得想方設法化解的事，你就必須有能力去化解。

但真正讓人不平的是，為何這樣的一個人可以生存在世界，甚且往往還活得不錯？不只可能地位高，還有某種權力，到處耀武揚威，把僅有一分的實力誇大到破表？

那是因為他「理所當然」的態度，讓一些只執著在要求自我要有能力及要負責任的人，不分事情原委和責任歸屬，為了不讓場面衝突及尷尬，或擔心事情會有不好的後果，就趕緊出面承擔，不顧一切地攬下他推卸出來的任務和責任，進而代為完成這些任務和責任。

這種理所當然的姿態，我們並不陌生，從原生家庭給的對待方式、要求的態度，一切就是那麼地理所當然。有人因此學會以這種理所當然的姿態和技能，走遍天下。

但也有人學不會這理所當然的態度，甚至痛恨覺得一切「理所當然」的人，於是壓抑及克制自己絕對不能理所當然，嚴以律己自我訓誡，不能叨擾和麻煩別人。

這樣自我要求嚴苛的人，努力壓制自己「擺爛」和「不負責任」的性格，不允許自己爆發這些能量衝動，以免成為他最討厭的那種人，卻偏偏在遇到別人以理所當然來要求他、命令他時，即使為之氣結，最後還是乖乖聽命於人。

怎麼會這樣？那是因為他內心除了壓抑和克制之外，他無法在負責和不負責之間做好協調，無法有更多的微調空間，無法有更多元的思考與決定，以致他雖然壓抑了自己的理所當然，卻仍是承接了那些不合理的理所當然。

這是他內心的光明與黑暗特質分裂的結果，越是要自己以某種自認的光明面貌呈現時，就越無法處理和調節別人身上出現的黑暗面貌。要不就抵抗，要不就被壓迫，他只能極端痛苦地分裂著、自我衝突著。

擺脫受制於人的生活

尼采曾說，不能聽命於自己者，就要受命於他人。不能自主選擇的人，就只能受制於他人。

要好好經營一段關係，你需要深刻領悟，如果一個人既不積極思考自己的人生問題，也不自我訓練及透析處理的方法，為何你要比他還積極、還投入？相同的，若是你不積極思考及面對你的人生問題，也懶得自我訓練，那又有誰需要比你還盡全力？還需要更費心？

無論別人選擇怎樣的人生，那還是他自己的人生。關於人生心態和人生價值觀的選擇，別人是幫不上忙的。

唯有自己想調整、想改變，想找到自己的療癒之道，他才真的能為自己改變，並修復過去生命中的傷痛。

若你一直想改變他，一直為他窮忙、瞎忙，偏偏他一點兒都不認為他的人生有任何困頓和失衡，那麼到頭來，你們只會剩下爭辯和無力感，根本難以相處，更無法有平等及尊重的對話。

當別人以理所當然的態度，指揮著你的生命為他奔走時，你需要清明地認知，你無須為了滿足誰而去活成對方期待你該有的模樣。尤其在一段關係中如果少了基本的尊重和界線，你付出再多的心力和關心，對方也不會感激，你終將錯付，白費心力。

而對於這種理所當然的人，你只需要保持距離，然後試著尊重別人和你的不同，試著理解每個人的際遇和領悟契機的不同，這樣就夠了。畢竟他才是他生命的主人，不是你。改變他不是你理所當然的責任。

陷阱五

總用「想像」和「要求」來建立關係

你若厭惡了自己，想勉強自己，那麼被逼迫的你只會有更大的沮喪和憤怒，不會更快樂。

很多關係，不是你單方面覺得是怎麼樣就是怎麼樣。

你以為很好的關係，可能別人只是一直在同情你、可憐你，或受制於你。

你以為成天相伴的友好關係，人家可能覺得很累很煩，內心很委屈充滿無奈，總是在背後埋怨。

你以為絕對「天長地久」的關係，人家可能總在想到底何時可以斷開才不會傷到你。

關於這種「不一致」、「不對等」和「不對勁」的關係，若是漸漸事證變多、現象頻繁，那麼一旦識破這種不健康的關係時，就要趕緊拉出距離，不要硬拉硬扯，否則不僅會拉痛自己的手，也弄傷別人的肩。

關係，是兩個人所形成的，既然生命是活的、成長是動態的，那麼，就不要幻想自己所認為的「永遠不變」、「天長地久」會永遠存在，這是一廂情願，也是拒絕面對真實人生和人性。

人生是變動的，除非你都不成長、不改變，別人也不成長、不改變，那麼或許大家可以一直停在某種狀態，緊緊相依，共生共存。這或許還有機會一直維持住關係，但當中的生命活力，卻必然走向死水狀態，越來越發臭腐爛。

若是你有成長，對方也有生命的變化，就不會有不變的道理，至少距離和親近遠疏的關係，還是需要經歷變動及變化。

所以，平常心看待。能走在一起時，感謝；不能走在一起時，還是感謝。能走在一起時，真誠；不能走在一起時，也選擇真誠。沒有誰一定要牽絆誰、一定要拖住誰。

生命相聚有時，離散有時，進入成人的世界，就是要能學習面對分離和各自珍重再見的功課。

那些人際關係的歷程，是讓你透過與外界相遇的人認識自己、看見自己的內在，而不是要你以為拉住某個連體嬰共生，就可以在面對自己的人生時少費力、不花心思。

錯誤的安全感與依賴

若你找了一個人來建立關係，是為了要鞏固自己的安全感和依賴心，確保有人在乎你，永遠把你擺第一位，那麼總有一天你會失望。因為任何一個人都不該把另一個人看得比自己還重要，不該把另一個人當作自己存在的目的，不該讓自己的生命只繞著對方運轉。

如果你習慣把別人放在心中第一位，那麼你就該明白正因為如此，所以你才找不到自己，才會在關係破滅、對方消失時，那麼的驚慌失措、天崩地裂。把別人當自己運轉的中心，繞著別人轉，就等於漠視自己、撇除自己，以為「只要他在我身邊，把他當做我生命的全部，我就不用面對自己的人生了」。這樣的思想，無疑是讓自己的內在持續虛空，沒有認識自己，也沒有關注自己、連結自己的能力，更不用說充實自己了。

越是用想像和期待來建立關係，關係所帶來的重創和打擊也會越大。被迫分離的殘忍時刻必然來到，但即使很痛很傷，也要試著面對真相，試著從幻滅中清醒，而不是讓自己一直沉睡在幻夢中。

但人為什麼大多會有這種對關係的幻想呢？

這是從嬰孩時期而來的天真、無知和幻覺。嬰孩沒有能力和知識知道現實世界的殘酷，嬰孩的天性都是希望生活在幸福安穩的撫慰和照顧中，即使才八個月大，「自我」就已悄悄地在嬰孩的內在像株幼嫩的樹苗誕生，但仍是懵懵懂懂，皆視他人（客體）的存在是來讓自己獲得滿足、安穩和舒適的。所以，嬰孩是全然自我中心的存在體。

雖說在成長的過程，隨著生活經驗不斷地學習及擴展，我們勢必會在許多和外界他人（客體）的互動中，感受到他人（客體）和我（主體）是不同的兩個人。我有自我，他人也有他我，這兩者之間的關係連結和相處需要很多的學習經驗和過程。每一次的關係事件，都在教會我們對人我之間的差異更明白一些、更瞭解一些。像是「己所不欲，勿施於人」就是其中一種領會和學習。

但是，有些人卻在這學習、成長的過程中受到阻礙了。這阻礙來自內在的協調力不足和適應力的虛弱，於是無法調節外界和內在的衝突和不一致。

成長受阻礙的個體，無法調節和適應「我不是世界的中心」這樣的事實，不明白這世界是由許多各式各樣的人共同存在和組成的，而非照著他的需要和欲望而存在。於是反而形成了心靈的僵化，心中執著「非要不可」的渴望和需求，而且坐在自我中心的位置上要求及期待全世界，而不是學習和這世界互動、合作和協調。

成長受阻礙的個體，因此無法成熟，無法獨當一面地去面對這個客觀世界的存在，反而停留在幼兒的心靈狀態，以全然的自我中心，想要抓住任何一個來到他身邊的人（客體），要求及索討對方必須滿足他得以不費力活著的渴望。

當他越執著於此，除非別人一直擔任滿足他的角色或工具，否則遲早會被他嫌棄和抱怨。誰能一直負擔一個永恆不長大巨嬰的需求和索討呢？除非是病態的共依存關係，相互依賴和吞噬，否則只要還是清醒能看清楚狀況的人，一定不會賠上自己的人生和所有能量，勢必快刀斬亂麻，不再接受被纏繞綑綁。

而想要透過纏繞綑綁別人，來實現自己永遠能被照顧著和被滿足的期待，沉睡在這種幻夢的人，往往不想醒過來面對這個真實且不完美的世界，這是他們內在的拒絕和設定。如果你在這樣的人身邊，你要好好想一想要不要把自己人生的能量和活力，用在負責把這樣的人叫醒，非要他面對不可？

畢竟，單單要負責好自己的人生都不容易了，更何況別人的？

陷阱六

一直領「好人卡」，含含糊糊不敢正視衝突

那些被壓抑的想法和感受，那些含含糊糊的感覺，終有一天會反撲，會變得特別大聲而吵鬧不休。

有的人很氣別人有界限，他氣憤的原因，一大可能是，他對界限的設立非常含糊。

他的世界就像是一大團麵糊，什麼都是模模糊糊沒有輪廓的，在他的眼裡，無論是他自己或是別人，都是隱形沒有實體的。

看到別人有自己清楚的主張和觀點，這個無法充分體認自己主體感、常常

承攬不是自己責任的人，就會氣憤不平地說：「我都這樣被迫接受了，我都這樣不得不出來承擔了，為什麼那個人可以什麼都拒絕，什麼都不管？」

你也常常湧現這樣的心情嗎？當你發現別人怎麼好像可以置身事外，而你卻不能那樣做，你真正需要通透的問題不是：「為什麼他可以？」因為你永遠得不到這個問題的答案。

你真正需要洞察的是：「為什麼我不可以？」或是相對正向一點的問法：「為什麼我可以拒絕，我卻堅持承擔？」

習慣迴避更內在的自我探索，就只會停留在表面，像個鬧脾氣的孩子說：「為什麼他有糖，我沒有糖？」翻譯為成人的心態就是：「為什麼好處都是他的？我卻沒有好處？」

不往內在更深的自己探索，你就無法把自己看清楚、瞧明白，也就難以釐清和辨識內在的你受困擱淺在什麼樣的自我限制？又是被什麼樣的情緒陰霾所籠罩？

害怕聽見內心的抗議

為什麼會有人總關閉自己的思想能力？把自己的情緒感受消音呢？為什麼不敢看清楚、聽清楚呢？

聽見和看見內在的忿忿不平，對這些人來說是需要勇氣的。因為一旦正視內心吵鬧不休的「不公平」，他會生氣，會想抗議和衝突，這些不好的感受和抗議的聲音如果沒被壓抑，他會和身邊的親人朋友鬧翻。於是怕會決裂的他，選擇把自己弄得模模糊糊的，把感覺弄得不清不楚，欺騙自己說：「我沒什麼想法，沒什麼感覺，都可以，都好。」避免落入眾人不理他、把他排除、放他一個人孤單的困境。

為了不要被排除、被拒絕，他會要自己迎合，什麼都配合、什麼都沒關係，不斷說服自己說：「不要緊的、算了、無所謂的。」

然而那些被壓抑的想法和感受，那些含含糊糊的感覺，終有一天會反撲，會變得特別大聲而吵鬧不休。——那就是看見或聽見有人不把別人放在心中的第一位或重要位置，而從自我主張或是認可自己的想法或感受出發，去為自己選擇想要的決定時，他的不平和憤怒就會開始咆哮，不斷地膨脹和誇大。原本只有一小點不滿的負面情緒，在吞下劇烈的委屈氣憤做為糧食後，瞬間變形成巨大的怪物，想把他人毀滅，也想把自己爆裂。

想想，若一個人常可以感受到自己的主體是重要的，而能做出想要的真正選擇，也願意承擔選擇後的結果，那麼他一定可以充分地瞭解到，這是自己的權利，也是自己的責任，每個人都只能好好地為自己做決定。如此，當他面對別人時，他也會認為別人要好好地決定自己想要的選擇，這是別人也應當享有的權利，也是別人要自己負責承擔的代價。

因為他懂得尊重自己，也會覺得同樣要尊重別人的決定和選擇。

只有把自己給模糊化，要自己不要有清晰的個人需求和主張，漠視自己的主體感受的人，才會質疑別人憑什麼可以追求自己要的？為什麼可以表達自己的意願和感受？為什麼可以維護自己的利益？為什麼可以不壓抑不順從？

接受犧牲和委屈的人，用很多含含糊糊的空間壓抑自己的感受和情緒，遇到別人可以不承擔、不介入，不必和在一堆理不清的愛恨情仇中彼此壓迫和犧牲，他會有一種難耐的氣憤和敵意，覺得自己都沒好日子過了，憑什麼別人能過好日子？

就像「媳婦熬成婆」這句話所要傳達的心路歷程：為人媳婦時委曲求全，背負被漠視和被強迫的角色，沒有什麼機會表達個人意願和感受，也沒有主體的存在權利；好不容易當她熬成婆婆了，就會同樣也去壓榨和強迫、貶抑和漠視媳婦的主體感和自主權。

這是我們文化的悲哀。我們的文化有一種莫名的受苦文化，特別是女性被期待和要求，若不為夫家犧牲吃苦，就不是好女人，這是多麼的病態和無情的定義啊。

不僅是好女人，社會對於好孩子的期待及標準，也都是傾向於要順從大人的命令與要求，在這樣的社會氛圍下，能健康成長、獨立成人的人能有多少？

於是，大家都只能在一身傷痛、身心的重創及打擊中，自求多福，讓自己勉強倖存下來。然後，離幸福的方向，越走越遠。

陷阱七

適得其反的強迫式好意與關懷

任何的好或關懷，只要會帶來苦及傷痛，其實就微不足道。

有多少次你的身邊出現這樣的人：自顧自地認為，他是你的親人、朋友，所以有義務要幫你走在他所謂「正確」的人生道路上。於是，他把他認為的正確與好，用強迫的方式，強行推銷在你身上。

我們的社會，不少人做了實質傷害別人生命尊嚴的事，卻用「我是為你好」、「我是好意的」做為自己的掩護，彷彿只要這樣說了，別人無論體認到什麼、感受到什麼羞辱及歧視，都要欣然接受。

人，是有拒絕權利的。就如選擇的權利一樣。只要法律或是普世價值賦予人在不犯法的情況下，有自主權、自由權，那麼，即使你看不過去、心中有許多負評，別人要怎麼選擇，那依舊是人被賦予的權利。而你當然也有權利拒絕接受他人所謂的好意，拒絕接受他人自顧自的好心。

想想小時候，我們都是這樣長大的，被剝奪自主的權利，也被迫接受照顧者或身旁出現的親戚自顧自的好意，那些「這是為你好」的話語，像是一道聖旨，你只能叩謝隆恩，其餘的都不宜多說，以免有更大的強迫、更多的說服。

一直以來，你習慣接受這樣的好意，即使好意的內裡其實是控制和強迫，你也是要自己收下好意，不要在乎或計較那些人使用的方法。即使他人的口氣裡對你有諸多不確實的批評、主觀的評價，自顧自地發表高論，你都讓自己收下，還要自己感謝。

這種處置內外在衝突及不一致的經驗，讓你習慣合理化別人的不合理，再習慣否認自己的不舒服或怪怪的感受。那麼在這種渾沌不明怎麼也弄不清楚的感受裡，你也就認同了只要打著好意的旗幟，就可以對他人進行任何的批評和主觀評論的做法。

然後，漸漸地，即使人家根本沒有向你討教，也沒有請求你的協助，你也會自願跳出來，認定這是為對方好才有的勸誡和提醒。

不須硬要做烈日冬陽

但是，你不須強迫自己要做別人的烈日冬陽，也不需要非證明自己善行感人，如此才能還給他主體，讓他成為自己生命的最大權力者。他有權利悲傷，有權利哀悼，有權利經歷他所想經驗的生命體驗，有權利決定如何走向他真正想要實現的人生，真實地寫下屬於他自己的故事，成為真實的自己。

當你不尊重別人是他生命的主權者，而想讓他聽你的話，走向你認為理想的人生時，即使你的心意再美好，或如何地用心良苦，終究會因為失去尊重別人的主體性，而被視為一種強迫和壓迫，會引發別人的反感和自動化的防衛，於是無法認同你，甚至想推翻你、抗拒你。

好心意要配上好態度和好行為，否則別人也接受不了，無法消受好心意抹在刀刃上的感覺，被迫接受時像是被千刀萬剮。

越是你重視的人，越要讓他感覺到自己生命的價值和能力。不要一邊削弱他的能力感、踩踏他的自尊，一邊告訴他你是為他好，才這樣說那樣做，就像是把人傷到重傷，再幫他敷藥包紮，說這樣是為了讓他多些能耐去承受殘酷的現實世界。

事實上，真話若是很傷人，那真話也無益處。傷害，就是傷害了，怎能包裹在甜言蜜語裡面呢？那反而讓人錯亂，以狡詐的方式讓人無法對被傷害的事實，提出申訴和抗議。

我們需要瞭解，任何好的關懷或善意，要能真的傳達給人，讓人可以接受和吸收，再成為他自己咀嚼後的養分，這當中的過程，需要有很多正向關懷的態度及正向成長的環境，才能讓善意成為養分，讓人接收到愛和支持，願意讓他自己的生命往好的方向、有益的目標發展。

若因為出於好意，就自以為可以省略尊重人的態度，也不維護人的主體權，以強迫的方式控制和命令，那麼這所謂的好意，真的只是在鞏固這個好意背後僵化的價值觀和執著而已。

陷阱八

期待別人來填補內心的缺憾

當我們固著在理想化關係的期待，特別是對家庭或朋友角色的完美期待時，我們是感受不到愛的，有的只是一次次的失望和憤怒。

我們總在聽著他人的故事，流著自己的眼淚；在看著他人的遭逢中，看見自己的影子；在感受他人的痛苦中，想著自己的解決方法。

這避免不了，這是一份連結，一份共鳴，也是一份共體感。

但還是要在那麼一刻，你得清楚地認知到你是你，他是他，如此才能停止過多的投射、過多的想像，停止過多的詮釋。還給對方與自己獨特的空間，成為獨特的個體，而非黏密與糾纏到分不清誰是誰。

曾經有人告訴日本女演員樹木希林，因為看了她的談話得到救贖，樹木希林回答說：「我說你啊！這是一種共依存了啦！這種事要自己動腦想啊！」

人，終究要學會面對自己。

思考自己、感受自己，無論如何，這都是別人取代不了的。否則，也只會拿別人來當自己遺憾和未竟之事的救贖，把自己的缺憾和失落，投射在別人身上，強迫別人補償。

日本非常受到歡迎的動漫故事《鬼滅之刃》，說的是滅鬼隊和沉淪為「鬼」的人之間的故事。每個滅鬼隊的成員，都有他們成為滅鬼隊一員的原因，當中有許多失落和悲痛的遭遇。

每一個鬼，也都有它成為鬼的過程和歷史，就如人要成為令人恐懼及不安的模樣，也是有他的歷史和故事。每一個鬼曾經的遭遇，以及不得不成為鬼的選擇，多是來自於因執著於心中的傷痛而成怨念，終被怨念帶往吃人、傷害人、毀滅世界的黑暗力量。

在所有鬼的故事中，我最為有感的是名為「累」的鬼。「累」是非常強大的「鬼」，因為它是直接服用鬼王的血，因此比起其他因為傷口被感染而成為鬼的，自然強大很多。

為什麼累要自願成鬼呢？因為身為人時，出生後就一直體弱多病，連出個房門吹吹風也不行。他總是羨慕著其他的孩子可以自由行動，可以自在接觸外在世界。

虛弱的累，就這樣一直躺在房間裡的床鋪上。這樣的人生很絕望也很沮喪。所以鬼王找上了他，告訴他可以解救他這樣的處境。太渴望自由和強大的累，選擇把自己出賣給鬼王，成為鬼王的手下，必須無盡地吃人、殺人。

成了鬼後，累不會死，但為了變得強大，它必須一直吃人，也渴望人血。累變成一個可怕的鬼，他的父母並不知情，只覺得孩子變得很可怕，他們每次看見累在吃人時，就好崩潰。媽媽總是哭，爸爸總是怒斥。但沒有用，累已經是鬼了，這是它的不歸路。

有一天，當累在睡覺時，它感覺到一種不對的氣氛，張開眼時，看見父親正拿著刀朝它要刺下去。它震驚、憤怒，這身為「父親」的人，竟然要殺自己的孩子？而母親又只是在旁邊哭，不保護孩子，只是哭，這讓累太憤怒、太絕望了，它決定把父母親殺掉，也正式切掉那親緣的牽絆。

帶著怨恨的累，離開了過去的家，隻身漂流。但不再有過往家庭和親情的它，在這世界上一無所有，沒有人關注它，它也對任何人沒有興趣。茫然及空虛，終讓它覺得好寂寞、好孤單。

內心渴望情感的需求

內心還是孩子的它渴望被重視、被愛護、被保護，它想要那強烈的情感牽絆，它想要感受有誰可以為了要滿足它而存在。

於是，它開始去救落單且脆弱的鬼，每救到一個，就要它成為自己的家人，並把自己的血分給那些脆弱的鬼喝下，讓它們變得強大。然後，指定它們誰是「爸爸」、誰是「媽媽」、誰是「姐姐」、誰是「妹妹」、誰是「弟弟」、誰是「哥哥」，它救了一窩子的鬼，每天都要進行扮家家酒的儀式，圍著大桌子吃飯、談天（鬼根本不用吃飯，飯碗裡都是空的）。它要製造那種假象，它有家人、它有人保護和有人願意為它犧牲。

然而，這種「溫馨家庭」的假象實質上建立在「控制」。用恐懼及威脅控制那些無處可去的鬼；並強加要求，若犯錯或沒有做好「角色」的責任，就應該被懲罰，甚至殺掉。

就這樣一直有「不合格」的鬼被累殺掉。累總是冷漠地對那些不合格的鬼說：「你太令我失望了，如果你要那麼不中用，那你也沒有存在的必要。」雖說是「家」，其實是拼湊的家庭、虛偽的謊言。而這樣深具情感操縱及威脅的虛假家庭，看起來很相互依賴，甚至以一種聯盟的方式聚集，實質上只要表現不理想，就會被累除掉，最後只剩下四位。

而其中身為「母親」的鬼，因為無法順利地殲滅滅鬼隊隊員，而被威脅及懲罰，以致恐懼又焦慮，最後當它發現要被滅鬼隊的炭治郎殺掉時，它甚至不再抗拒，而是以極度哀傷的心情，想要得到解脫。

炭治郎嗅到這股哀傷及想要解脫的心情時，他臨時更動他的招數，以最溫柔無痛的方式，了結這痛苦女鬼的無盡地獄。這是女鬼難得感受到被尊重和溫柔的對待。

當累發現，炭治郎和成為鬼的妹妹禰豆子相互依靠扶持時，它既訝異又羨慕，開始對炭治郎展開奪妹的攻擊。

炭治郎當然不願意妹妹被奪走，告訴累說，他與妹妹的感情是誰也拆不散的，更何況禰豆子有自己的意識和情感，哪是累可以搶去的？

累卻不認同，他認為只要讓禰豆子知道不接受的後果是什麼，如果沒有達成期待，只要強加懲罰，禰豆子就會懂了。

這番話激怒了炭治郎，他憤怒地說，累根本不懂得什麼是真正的情感羈絆，更直言累製造的情感羈絆「根本是虛偽的」。

虛偽的羈絆，還是真正的牽掛？

這句話完全刺中了累，它一直渴求及羨慕的情感，是自我中心的，是內在所理想化的，是沒有真實關係存在的。即使它很渴望，也羨慕那種情感，但感受不到愛的它，是無法創造也無法經營出那樣的情感關係，有的只是幼稚化的「我非要不可」，不但具有控制性，還具有傷害性。

但即使如此，最後被即時趕來救援的水柱（富岡義勇）滅掉的累，終於還是想起那之前和父母最後的記憶；父親在要刺殺自己之前曾說，他殺了累謝罪後也會了結自己的生命，因為累是他的孩子，他不會讓累一個人孤單。

累也憶起一直在哭的母親被殺的時候，仍呢喃微弱地說著：「對不起，沒有給你生一個健康的身體。」

累因此感到萬分哀傷，原來那情感的羈絆他擁有過，原來父母從來沒有放下他、拋棄他。在即將灰飛煙滅之際，炭治郎嗅到累的懊悔及遺憾，還有強烈的哀傷，他將手放在累的背上，拍著說：沒事了、你好好離開。

那是累失去父母後，唯一感受到的溫柔和慰藉。

這個哀傷的故事，正說著當我們固著在理想化關係的期待，特別是對家庭或朋友角色的完美期待時，我們是感受不到愛的，有的只是一次次的失望和憤怒。就算是一直更換對象，以為有一個最正確的完美對象存在時，那也只是一個無盡的黑暗及糾纏，事實上，離愛是十分地遙遠。

若關係只是工具，關係中的「他者」只是負責做好期待的角色或器具，不合格的話就唾棄和除去，當然感受不到、經驗不到在深層愛護的關係之下，彼此願意為對方犧牲，也不輕易放下彼此的感情連結。那是誰也取代不了、無法剝奪的真摯情感。

「累」的故事，正讓我們看到這樣的對比：虛偽的羈絆，還是真摯的牽掛？你所放不下的情感，又是哪一種呢？

而所謂放不下的情感，會不會日復一日讓自己在各種情境下，失去與他人的關係界線，讓自己淪為過往傷痛的祭品，盲目地以他人的生命填補自己內心的缺憾呢？

陷阱九

錯把別人的人生當成自己的

人生很複雜，不是你想給的，別人就一定會收；別人想要的，你也不一定給得了。

只有自己可以改變自己。別人的啟發或引導都只是媒介或刺激，真正促發自己要不要改變的，都需要有自己的動機，才能有動力。

你其實不用一直忙於為旁人操心，也不用給自己找藉口尋求內心需要的認同。你必須清楚知道「從這裡開始，就不是我的課題了」，如此才不會輕易地越界，還惹出一身的是非糾葛。

「課題分離」是阿德勒個體心理學所提出的理論，主要是論述每個人都有自己的人生課題，你只能負責好自己的課題，不能干涉或介入別人的課題。那是別人的人生，不是你的人生，不是你想要他怎樣就能怎樣的。

阿德勒認為，人際關係的問題大多起源於某一人對另一人的課題強行干涉，越界主導，才會出現混亂矛盾的人際關係問題。

我們許多人會把自己的課題，推在別人身上，又不自覺地介入去干涉別人的人生課題。例如「你要做得讓我可以信任」，這樣的認知就是彼此之間的課題混淆不清。

以課題分離來說，你能不能信任別人是你的課題，你要信任或不信任，都要由你決定及面對。他人的課題是，若他想獲得別人的信任，他需要去學習及決定自己表現出什麼樣的行為，才可以讓別人更信任他；若他沒有動機想讓別人更信任他，那也是他的人生後續要去面對的後果及代價。

課題混淆的現象之一，就是人際關係裡常出現這樣的牽扯：「因為你……，我才會……。」或是：「如果你不……，我也不會……。」。例如，一個媽媽對大學畢業還未找到工作的孩子說：「你趕快找到工作，你若不趕快確定工作，我就會心情緊張、焦慮，睡不好。」

在這個例子裡，孩子的人生課題是，摸索及探究自己真正想從事的工作，及如何為自己邁出第一步，積極進入社會。媽媽的人生課題是，照顧及調節好自己不安和焦慮的情緒，學習面對自己的人生目標，經營有意義的生活，而不是盯著孩子看，然後無意識地想強行介入，干涉孩子目前需要自己承擔的生命課題。

這種混淆很常見，你可以從日常生活發現許多相似的例子。

尤其那種因為看孩子或晚輩生命停下來，沒有為了什麼目標在動在忙，就開始認為孩子是在混時間、懶惰、懈怠，然後就開始跳出來，拚命對孩子下指導棋：「你要不要去試試這個……」、「要不要去做看看那個……」、「我已經幫你說好一個工作了，你去做做看。」

空白的內在激勵

當孩子或晚輩接收到這種名為「為你好」的介入或干涉時，即使勉為其難地去做也做不久，甚至可能嘗試一下下就打退堂鼓了。為什麼會這樣呢？真的是因為太懶惰、擺爛，還是能力太差？

這樣的情況是因為他還沒找到內在動機，也是內在激勵的部分。只有外在激勵（社會期待、工資、頭銜、別人肯定），而沒有內在激勵的人，即使為了外在的緣故去嘗試了一些什麼，或看別人這麼做就要自己也這麼做，這種情況下，人其實不知道自己為何而做？既沒有目標，也沒有自己想實現的生活意義，更沒有自己的喜歡或想望，那麼，他就等於一台沒有引擎的車子，根本發不動。

就算別人死命推著車，推到要累死，但也只能勉強推一兩步，還是無法讓車子自己動。

我們的社會環境讓我們對自己的內在激勵、內在動機太不熟悉了。從小到大，無論做什麼，學什麼才藝，或是讀書寫功課，鮮少是自動自發，都是被安排、被規定和被要求的。小孩像是一個物件被拎來拎去、放來放去，放在某個地方做某件事，孩子就是把那個時間撐過去，撐到結束，然後換下個地方做下件事。

很多人就這樣長大的，一邊覺得好無聊，一邊心不在焉，用各種轉移的方法把時間消耗掉。所以，很多人不知道專注是什麼，也有很多人不能體會一種投入且專注的忘我，不知道把自己的心思神入在某個有興趣的目標，會是什麼樣的感覺。

因為沒有這種為了自己內心嚮往且欣喜的事物或目標，願意付出自己的專注力和努力的經驗，他大多數的人生時間，都是照著別人安排的來走，若是沒人安排或推他，他就不知道自己主動想要去的方向是什麼？也不知道自己想望實現或成就的目標又是什麼？終極來說，他根本對於自己想成為什麼樣更好的人，完全沒有想法。

他不習慣接觸自己和傾聽自己，在開始主動主導自己的人生時，一時片刻間就很難明確且有能量地知道應該要往哪裡去。

但是，這是他的人生課題。

如果他沒有從自己的內在開始探索和覺察，別人給的建議或意見，只是徒增混亂和困擾。他即使勉強去做了，也很難有持續力和恆毅力。就算別人再怎麼焦急、憂慮和不耐煩，給了一大堆經驗談、做法、意見、分析評論，也無法真正幫得上忙。

任何一種人與人之間的關係，都是如此。自顧自地為別人的情況煩憂或焦慮，或自以為所有的心思都放在別人身上，卯足全力地想要表現得很替對方付出、很挺對方，到頭來可能只是在滿足自己心中設定的那場內心戲，想讓對方認同自己的用心付出和為其努力。

關於課題分離這件事，需要建立在誠實上。

你需要真正承認和面對我們真的幫不了別人的忙，你能做的，別人不一定想要；你所渴望的，不一定是別人的渴望；你以為看見的風景，別人根本看不到。很多時候你的一廂情願，正與他人的想望背道而馳。

不要錯把別人的人生當成自己的，然後翻牆進到別人的人生裡比手畫腳。所有人都一樣，任何的人生功課，不自己做、自己練習，無論日子過了多久，仍是學不會如何過好這一生。

陷阱十

害怕離開「關係」，無法承擔自我

你所依賴的、所眷戀的、所耽溺的，都有你不想負責的、不想承擔的、不想開創的人生面向。

你若真心想要開始過自主自重的人生，請別用低姿態去索求關係，不論是與父母、伴侶、子女、朋友或同事的關係。

「關係」不是用討的，是用建立的，是要溝通交流和互動的。也不因為關係親近了，就輕易發洩情緒，任意把情緒當自己的武器去攻擊對方。你要做的是表達、溝通和討論，不是什麼都不做，就認為對方「理想當然」要滿足你的期待，讓你事事都感到滿意。

父母不必「應該」事事滿足你，子女不必「應該」事事滿足你，朋友不必「應該」事事滿足你，伴侶不必「應該」事事滿足你，主管不必「應該」事事滿足你，同事不必「應該」事事滿足你。

沒有人應該將你視為他的生命中心，就如同你不該將任何人視為你的生命中心。

如果他們試著滿足你，那是因為他們願意回應，是因為他們甘心樂意，而不是來自你的要脅及索求。

你不是討債集團，也不是高利貸分子，不要去威脅你所在乎及重視的人，那會傷他們的心，也傷他們的尊嚴。除非你是為了趕走他們，再次驗證「自己真是很可憐不幸」。

你心裡若是害怕分離，擔憂分離帶來「關係衝突」及「關係斷裂」，那麼，你要學的，是在有勇氣承擔自己生命的同時，學習擁有和他們保持適當心理距離的能力。不是全然委屈，也不是全然拒絕，不是這樣兩極的極端做法。

用你的心和意志，善待你自己，你才可能善待別人和世界。你無法善待自己，你也無法真的懂得如何善待別人。

你若不試著學習對自己友善和尊重自己，你也無法明白對他人真正的友善和尊重是什麼。總以討好和委屈來因應關係，最後終將怨懟別人的辜負，也成為非常厭惡自己的人。

你是你人生最重要的啟發者，別總在期待別人能給予你什麼人生捷徑或祕訣。當你開始要過自己的人生，那意謂著，你要陪伴自己走出屬於自己的一條路。

如果人生學不會離開父母去探尋一條走出安全舒適圈的路，那就難以獨立，也就難以實現自己想要的人生。

畢竟，你所依賴的、所眷戀的、所耽溺的，都有你不想負責的、不想承擔的、不想開創的人生面向。

成年的你依然是依賴的孩子？

別占盡了自己要的好處，又開始嫌棄對方不如你意，不是你喜歡的人。若真的不喜歡、不快樂，不想要這樣束縛或不快樂的關係，就善了和學會分離，放下那些你擁有卻不滿意的一切，靠自己探究去找尋自己真正渴望、會讓自己快樂的生活。

天底下沒有全好的事，也沒有全有的幸運，那是幻覺也是妄想，因為你不想選擇和取捨，不想要面對自己的有所失落，所以像個孩子般的天真，以為自己所想要的，全世界都要來滿足和配合。

成長的過程，某些方面就是能學會選擇、取捨，以及承擔。不能一邊依賴父母提供住所或供應買屋成家的資本，一邊不斷地埋怨和不滿父母為何要控制和干涉你的生活環境。

已經成年了，卻要父母持續付出他們辛勞賺取的錢，想著他們的錢就是你的錢，這是吞噬和占用。如果你要做自己，希冀自己的自主權和獨立權，那麼也該把自主權和獨立權利還給父母，別總是以孩子的身分去占用他們的資源或向他們索討。

你或許會說：「因為我過去做孩子的時候，都在滿足他們的控制欲和支配，都在做一個乖順的孩子，我失去了擁有其他人生經驗的機會，所以現在要他們償還、要他們補償。」如果這真是你的想法，你要留心你是不是抱持要和他們賭氣的意念，甚至有股對他們的後半人生進行報復和討回自己的怨氣？如是，你的起心動念已經將你帶到繼續賠上自己的人生與之糾纏的命運上。

如果與父母繼續糾纏是你要的，那麼，這也是你的選擇。你一面依賴一面怨懟，一面耽溺一面說他們怎麼苛待你，沒有人可以強行制止這惡向的循環。但是你需要直視自己無法面對「分離」，也無法承擔「分離」的後續，要去思考如何一個人開創出自己的未來，走出自己的路。

若你的父母尚在，那或許還有把他們當怪罪和怨恨的對象，成為你迴避及擺脫自己生命責任的藉口。但倘若有一天他們先離開了，生命的分離時刻自然來了，你還能拉著誰，來做迴避生命責任的出口呢？還能指著誰，怨懟著誰，說是他把你的人生扭曲變形了呢？

那一天，當你真的必須面對，成為自己的照顧者、支持者、供養者、回應者時，你做得來嗎？

如果，你不想延宕自己的人生、直到那樣的時候才開始學習，那麼，為自己開始去嘗試面對分離、面對承擔、面對取捨，接受不完美的存在，停止想要全好和全有。

你可以開始試著從自我出發，好好思考什麼是自己要的、什麼是自己想經驗的人生，從忠於自己為出發點，而不再是為了讓誰認可及刮目相看，或是讓誰服氣。

你若開始這樣進行，假以時日，就能漸漸地安於自我的選擇，也能安穩地陪伴自己，經歷自己人生的四季，凝視及觀看各種風景。

我們每一天的生活，都在取捨之間，

什麼要留下，什麼要放手。

沒有什麼能永遠緊抓不放，

事情或關係，都有起點，也會有終點。

第三篇

理解你的內在糾結——

修復與療癒個體界限

療癒一

不被看好的人生，要被你自己看好

這世界上最不缺的就是要求你、期待你的人。你要敢於讓別人失望，這是你自由的契機。

如果你要專心地做好你認為重要的事，你是無法期待所有人都肯定你及認可你。

有些時候，你需要承受他人的冷嘲熱諷，也要承受背地裡的攻擊和莫名的曲解，被投射而加以評論也在所難免。

這些不被看好、被不以為然的歷程，從我們在原生家庭，進入學校（小社會），再到我們成年後進入成人的社會，特別是職場領域，都難以避免。

甚至沒有緣由地遭受排除及打壓，不實的惡意謠言，也總紛飛，特別在你展現出自己的能力，與認真地想面對自己的任務和責任時。

你可能不想阿諛奉承，避免進入複雜的權力結構，或不想以位階權威來看待職場關係，也不想惡意解釋人性或曲解他人的行為，你只是做自己覺得要做好的事，完成對自己的要求。

但當攻擊、排擠、背地的惡言惡語仍不斷發生時，你從震驚、疑惑、痛苦、恐懼，到懷疑自己及怪罪自己，深信是因為自己惹人厭，所以被驅逐、嘲諷與攻擊。

於是，你恐懼到覺得絕望，不平到覺得無助和低落。

其實，你知道這不是你的錯，也不是你犯下什麼滔天大罪要受到眾人排除。只是，你太低估了人性，也小看來自人內在心理的恐懼及投射。

當你越來越提升了，別人就越容易看見自己的停頓，當你的能力越來越受肯定，別人就越來越恐懼自己被忽略。

「嫉妒」和「自卑」是互動關係中非常微妙的情緒。當一個人的「嫉妒」和「自卑」沒有出口時，就容易形成了「恨」及「怨」，然後就會轉變成攻擊及破壞。

你不需要因此去理解他們，想盡方法替他們辯解，或刻意強迫自己要包容那些傷人的行為。如果你這麼做，實在是太漠視自己的感受，也太習慣用合理化的善解人意來掩飾別人的惡意。

不要強求贏得惡人的讚賞

你真正要聚焦、要明白的是，你的價值不該在他人的嘴上，然後，分辨清楚無論別人嘴上怎麼說你、調侃你、中傷你，或是刻意的人身攻擊，那都與你無關。他們之所以如此表現，是因為他們的心中已經存在了一個他們腦袋中以為的你、想像的你、歧視的你，或是失焦的你，然後又為了自我認知的平衡，一直拿這樣的偏見來評論你。

例如，一個人看見你的優勢或是長才，不僅沒有肯定和欣賞你的能力，還瞬間湧現一種不舒服的感覺，也許是自卑，也許是見不得別人好的酸味，也許是自憐，無論如何，反映的是因為他並不善於面對自己、坦承自己，於是他會在腦中趕緊浮現揣測和想像，以扭曲的方式幻想你是靠多少關係、是如何謠言惑眾、是如何諂媚，因此不勞而獲。他會想像出各種扭曲的情節和劇情，以此自以為合理地解釋你為何有成就或成果。有了這些想像出的各種理由，他就不用面對他自己的自卑和輸了的感覺，只要心中辱罵你幾聲，或是傳訊息給別人醜化你幾句，他就好過多了。

這一切和你有關嗎？

事實上和你無關，因為那是他心中的劇，也是他善於逃避面對自己的伎倆和防衛模式，你無法更改，也影響不了。

如果，你遲遲無法劃清這個分別而在他人的內心劇中也軋上一角，並且上演自己內心的怨恨和憤慨情節，那麼，你所上演的內心劇情，也和他無關，而是你過去囤積壓抑的情緒陰影和傷痛，再度爆發開來，再次把你拉進黑暗漩渦，折騰你、淹滅你。

這正是課題分離，以及主客體關係分化之所以重要的緣故。否則，什麼都糾纏在一起，就會打上無數人際關係的死結。

一個人如何說出對他人的觀點，只是顯現出這個人內在的格調及素質，那永遠不該就真的是「你」。

然後，記得不因為他人的恐懼及投射出的評價，就懷疑自己、責罵自己，反而要更靜心安穩自己、信任自己。

也不要輕易就扭曲自己。因為環境會改變、人際也會轉變，唯有你，會一直陪著你自己，到任何地方。

讓別人失望的勇氣

一個有實力且認真面對自己生命的人，是不會把「時間」浪費在批評及論述人的。

如果有個人成天拉著人耳語及背地裡評論別人，這可能是他在人生裡最會做的事了，其他就不太擅長了。

專注專心面對自己，分心的事留給別人。

你的生命力量，在於你堅定地守護自己，專注在你覺得重要且有益於世界的事，你自然會為世界帶來真正友善且正向交流的貢獻。

你要敢於讓別人失望，這是你自由的契機。你終於可以真實地做自己。

你要知道，這世界上最不缺的就是要求你、期待你的人。甚至在你身邊最親近的人，更是毫不猶豫地認定你應該如何滿足他。

如果，你害怕那失望的眼神，覺得那份失望來自於你的失責，你就會無法逃脫，陷落在自責與罪惡感的深淵，然後盡一切力氣想要滿足對方，讓對方不再顯露出否定與失望，以此來趨避心中害怕被討厭、被排擠的恐懼。

能夠被失望，坦承被失望，接受他人的失望，是宣告自己分化與獨立的重要歷程，也才能真正地認清自己的責任，承擔起自己的生命。

如果，你盡一切的力氣只為了滿足他人所認定的「應該」而去討好，偽裝的自我終究有一刻會讓你迷茫，不知道自己是誰，也不知道沒有了這些要求及控制的你，真正要的、想望的，究竟是什麼。

你無法決定他人到底會不會對你失望，你真正要做的努力是，別讓你對你自己，失望。

他們都可以不看好你的人生，但是你要能看好自己的人生。

療癒二

褒貶之間，建立不卑不亢的自尊

從別人有如雲煙漂浮的話語中，是擷取不出自己的模樣的，甚至會誤以為他們比你還懂你、還認識你。

你會執著於自己的臉書有多少人按讚，IG有多少人追蹤嗎？

別迷失在別人對你的褒揚中，他們只要又遇到另一個他們欽慕的人，就轉移了褒揚的對象。

別受困在別人對你的貶抑中，他們對於自己說過了哪些惡質又酸諷的毒言毒語，早已忘得一乾二淨，還可能指控是你自己幻想及編造出來的。

褒貶如風，不論如沐春風，還是如臨狂風，終究都會過去。

依賴他人的褒貶度日，是一種「自我誇大」成癮，總要世界繞著自己轉，無論好的壞的都要與「我」有關。

你若認識清楚就會明白，無論外界如何推崇你、如何貶抑你，那些人和那些事都會從人們的記憶區抹去，換了一個世代，最多兩個世代，就再也沒有人記得你、認識你。你所在乎的褒貶啊，都會成為過去，只有你自己知道、只有你記得，只有自己留念而已，說過那些話的人，早已忘得一乾二淨。

不如讓你的內在清爽一點，不再執迷於關注有多少褒貶，讓你的靈魂始終保有清淨空間，你對自己有情有愛，有認識有理解，陪伴自己貼心說話，相伴人生，這才是最實在的真心。

若想讓靈魂輕盈自在些，清理內心的空間是日常的必須，把內心空間留給值得留住的人生領悟和人性洞察。

這個世界，大部分的褒貶都來自主觀的投射和評論，他認同你，就褒；不認同你，就貶。最有趣的是，有時換個時空環境，本來褒揚你的人可能變成貶損你；本來貶損你的人，開始稱讚你。

人心和人性是無常，沒個穩定度的。

人與人之間若要有穩定度，必須靠長年累積的認識和情誼，要走過各自的幻想和投射，彼此關係卻都沒因此決斷後，才有機會走到撥雲見日的明朗狀態，真的看見你、看見我，看見彼此的差異。

但是，在社會上的關係，很難撐過那麼多考驗，畢竟社會上的關係，大多是因為交易或是共同利益，或是一時間的互利而組合，終究會曲終人散，一切終將是過客。

在每個當下都陪伴自己

那你問這樣還要真心嗎？

還是要的。在那個對待的當下要出於真誠之心，不拐騙、不狡詐、不侵犯，即使知道一切都將過去，還是願意用最大的真心誠意和對方互動。

別誤會，這麼做不是為了對方，是為了自己，因為若你認同的自己是願意真誠回應，願意給出分享，也願意共創利益互惠，那麼，你的真心誠意是因為你忠於自己是誰、是什麼樣的人格、是什麼樣的一個人，而決定做什麼事、給出什麼反應、採取什麼行動。

你是為了自己而決定去成為那樣的一個人。你正在定義和呈現你是什麼樣的一個人，與別人所投射的評價或褒貶無關。

至於別人為什麼對你有那樣的評價和褒貶，和他當下的處境、狀態、成就或是自我觀感有關，實際上他反映的只是他這樣的一個人是如何存在，如何呈現，以及他對這個世界抱持什麼樣的定見。

而這一切還是和你無關。

若比起認同自己，你更在乎別人的褒貶，那恐怕你還不認識自己，還在渴求從別人有如雲煙漂浮的話語中，擷取出自己的模樣，甚至誤以為他們比你還懂你、還認識你。

這是很弔詭的，你認為別人會比你還認識你自己嗎？透過你的外在言行和所做的事，甚至只是你的表情容貌，就可以論斷你是怎樣的一個人嗎？

是他膚淺，還是你真的只是那麼表面的人？

雖然你難免在他人的誤解或他人的誇讚中，一時間情緒會有下墜或上揚的反應，但若你有安穩的自尊與自我價值感，也認同自己是怎樣的一個人，更重要的是你比這世界的任何人都懂你自己如何成長，如何走過你的人生歷程，閱歷過什麼樣的風景，又如何走到這裡來——那麼，你會深知，別人的褒貶寵辱，你可以感謝，也可以接納，更可以微微一笑了然於心，卻不再需要引發太高及太低的情緒反應。

因為，你懂你自己。

笑罵寵辱由他，都不再驚慌，你可以不卑不亢地回歸到你對自己的認識和接納。

無論人生的情景如何，能先對自己有萬倍的支持和喜愛，我們才有繼續開展自己人生的勇氣。

千山萬水，褒貶只是瞬間，能陪伴你走到最後的，是自己。

療癒三

疼惜抱著敵意懷疑自己的內在小孩

我們無法得到所有人的喜歡和肯定，我們的存在也不是為了滿足每一個人的需要。

要得到所有人的喜歡和認同是虛妄，因為這世界上的人，不全然在同樣的根基和頻道上。

如同，我們也不會喜歡和認同所有人，總有自己的想法和感受，還有人生觀、世界觀和價值觀。

而你最該要獲得喜愛的對象，是你自己。

如果你是最不愛自己的人，一點兒也不喜歡自己，只在乎和渴望別人喜歡你，那麼，你會遇到兩個問題：

一、你無法坦然接受別人對你的喜歡，總覺得心虛，或懷疑對方別有用心。

二、若是你一時驚喜，覺得有人喜歡自己很美好，像是渴了很久突然間喝到水，欣喜若狂，那麼，在後來的互動中，你會很害怕失落這份感覺，而更在意對方會不會不喜歡了？不斷地偵測對方的態度是否冷漠？是否疏遠了？是否已經厭煩你了？

一個不愛、不喜歡自己的人，是無法單靠外在的互動來滿足和供應他對愛的需求，頂多只可能有稍稍緩和的作用。但緊接著，因為不喜歡自己因而有的自卑感，和對人際關係的不安全感所引發的焦慮，還是會輪番上陣圍攻他的心、他的意念，把他挫敗到支離破碎、混亂痛苦。

一個人若不喜歡自己，只一味向外追求被他人喜歡，終究會是一場空。

一個人必先能喜愛自己，才會對別人的喜歡充滿感謝。

瑞士心理學家也是精神治療醫師榮格曾說，連想改變別人的念頭都不要有。要學習太陽一樣，只是發出光和熱，每個人接收陽光的反應有所不同，有人覺得刺眼有人覺得溫暖，有人甚至躲開陽光。種子破土發芽前沒有任何的跡象，是因為沒到那個時間點。只有自己才是自己的拯救者。

你若無法真心接納及喜歡自己，那麼你就會在他人的評論裡起起伏伏、上下動盪。別人看起來接受了你，你雀躍歡欣；別人看起來冷淡疏離，你黯然神傷。你有沒有發現，你是如何把自己存在的安穩和認同，交在別人的手上。

你不敢肯定自己為好，所以總想要從旁人的口氣語句裡，尋找可以自我認同的線索，卻又因為自己不敢肯定自己為好，即使聽到了他人的肯定，也還是懷疑和抗拒接收。

你若能做第一個肯定自己生命存在價值的人，那麼旁人回饋給你的肯定，你會坦然認同，無形中也收下更多對自己的自信和喜愛，信任自己的生命是一個好的存在。

爲何以敵意的眼光看待自己？

許多人對自己的懷疑及充滿否定的態度和評價，是非理性的，既沒有具體客觀的事實，也說不出完整邏輯，只憑著一種含糊說不清楚的感覺，就自動地以敵意的眼光看待自己，把自己當仇人似的。

這種與自己為敵的態度和自然而然的仇視，一大來源是我們早年感受到被仇視的生活體驗。在我們童年的經歷裡，我們感受到被厭煩，彷彿我們的存在讓大人的生活受到極大的干擾和破壞，在無法理解事實之前，我們遭遇莫名被辱罵、責備，莫名的情緒或暴力攻擊，甚至被吼叫著「你消失了該有多好」，絲毫沒有任何一點尊重和愛護疼惜。

那些無法理解的驚嚇和不知所措的感覺，讓童年時的我們只能被迫接受，然後誤以為自己「一定是很糟的小孩」，才會讓照顧自己的大人們恨不得不要再見到我們了。

遭受過莫名攻擊和漠視的孩子，在成長的過程中，慢慢地變成了一個會莫名攻擊自己以及漠視自己的人，也莫名地對自己產生了敵意。

然後他深信不疑，周圍的人就如童年在他身旁的大人們一樣，是那麼地厭惡他和輕視他，動不動就要批評和辱罵他。

以至於他在生活中覺得敏感的、警覺的，都是那些他覺得有惡意的攻擊。就算環境中沒有出現這些惡意的攻擊，他也會想像及懷疑別人正在背後數落著他的不好，說著排斥他的言語。

那是非常受苦的感受，內心總是惶惶不安，害怕又一不小心被誰討厭了、被誰批評了。更可怕的是，那些環境的惡意和敵意像是如影隨形一般，讓他到哪裡都要遭遇這樣的排擠和拒絕。

環境當然會有惡意的攻擊和拒絕，我們不是活在一個只有和善及單純的世界，我們身處的世界既現實也非常真實。這個世界是，即使你沒有做任何一件錯事，也沒有招惹任何人，旁人仍會無意識地掃射他的敵意和對世界的仇視。

然而，這些敵意和仇視，未必和你有關。大多數時候，不是你的錯，也不是你做錯了什麼，而是人們因為自己的無明（無清明覺察）程度，連他自己在做什麼，又為何要對世界和對別人引發如此的怒氣和仇恨，一點兒都不知道，完全沒辦法自我覺察和釐清。

環境的敵意和仇視並非是我們幻想出來的，那確實存在，那些懷著惡意和敵意的攻擊也真的存在。很多人錯誤地以為，只要我們不惹事，看起來溫和善良，對別人低調，願意壓低姿態，就能避開很多敵意和仇視。這是一種自我安慰和自我解釋，為了因應自己面對外在世界的認知失調，所製造出來的個人邏輯，卻未必是客觀的現實世界會呈現出來的模樣。

在這世界，有許多遭遇傷害的事件，不論受害者是小孩、民眾、某些族群或是各樣動物，他們僅僅只是存在，並沒有做什麼行為，也沒有要招惹什麼，就無辜遭遇傷害。更無奈的是，發生那些令人感到悲憤的事情後，還是會有人對那些無辜受傷害的人，進行大量的檢討和數落，偏頗地想把傷害簡單歸因在他們身上。

所以，我們不可能杜絕這世界上所有有害的事情，也不能自我欺騙說別人都是善意，這是一個善良的社會。這種想法不僅非常簡化，也過度迴避存在於這世界的惡意。

我們真正要做的，是承認惡意和仇視的存在，也要明白攻擊和殘暴一直是人性的一部分。不要活在自我幻想的天真中，以為只要自己不承認惡意和敵意，就能避免這些傷害的事。這就像有人以為，只要口中不要說出任何一個「死」字，死亡就能離他很遠，彷彿可以隔離死亡的發生。

在承認那些惡言惡行和敵意是真的存在之後，請好好地思量及釐清，不要再過度幻想要透過自己的完美，來粉飾這不完美的世界。也不要再隨意地將別人的惡意和攻擊視為自己的錯誤，以為是自己的存在惹怒冒犯了別人的心情，才會受到強烈的敵意。

看清楚、想明白後，用意志力與那些人的敵意和仇視保持距離，不要讓自己成為莫名攻擊下的祭品。然後帶自己離開這仇恨的地獄，用你的意志和行動，用你的能力和方法，帶著對自己的愛和成全，允許自己努力去到一個為生命帶來真正幸福的地方。

如果你相信世界很大，那麼往前跨出已知的環境，為自己找到適合且值得貢獻生命價值的地方。在那裡，建立你的愛與溫柔，實現你真心渴望與他人彼此相愛的生命歷程。

療癒四

找回尊重與接納，在每個情感脆弱的時刻

一個不愛自己的人，不會遇見懂得愛他的人。先感覺自己夠好及快樂，你才會遇到另一個夠好也真正快樂的人。

用人情和利益交換得來的友誼，是一時的；用品格和人格發展得來的友誼，才是長存的。

不要害怕朋友離開或害怕失去朋友，當你的身旁沒有朋友時，用這個時間好好端詳認識自己，補足自己內心的匱乏和空缺，學習提升自己的獨立性和自主能力。

等時機成熟了，上天自然就會安排你遇到能夠相互尊重也相互理解，能夠相互合作卻不相互剝奪、侵犯、比較、鬥爭，讓你覺得兩人關係「剛剛好」自在舒服的好朋友。

剛剛好的關係，必須建立在彼此的尊重和真實的接納上，才可能有真切的情誼。

不太黏膩緊密，也不過於疏遠淡漠，能尊重彼此的性情特質，也尊重彼此的不同，能如此包容，才可能在關係中保有自己的樣子，也能看見別人真實的樣子。

在彼此的關係裡，不失去「我」和「你」，才是兩個人能交流合作的關鍵。為自己選擇讓健康及正確的人事物來到生命裡，你才會開始活得健康。

若是無論怎麼選擇，都無法避開潛意識裡把自己視為不配得到尊敬和善待，總是攬著許多損害自己的事，不認為自己可以得到尊嚴和權利，矮化地看待自己、以如此卑微的姿態面對人生，這樣的話，你想當你面對人生大大小小的決定時，你會如何抉擇？你會出於怎樣的眼光和角度，來判斷自己能選擇什麼、不能選擇什麼？

對於朋友或任何重要的關係，我們當然需要能有所付出。但付出不是為了交易，而是為了灌溉和滋養關係。關係如花或是樹，是需要栽培和悉心照顧，但你也不需要焦慮和不安地盯著關係看，或懷疑跟某人的關係會不會超出自己的掌握，以至於患得患失，失控地對關係失去尊重，進而介入和操控。

說到底，很多人對自己無法真誠，無法誠實覺察自己的起心動念，也無法以接納的正向情感承接自己，所以對別人也充滿疑惑和恐懼，不相信別人有接納的能力，也無法以接納來善待別人。

犧牲自己只會引來不良的關係

要能善待關係，前提是一個人要能多善待自己。社會常誤以為，對別人好，就是要對自己壞、犧牲自己的利益。越是對關係犧牲奉獻的人，就越能吞下所有的苦和委屈。

這是很謬誤的思想，一個人如果不懂如何照護好自己，也不理解如何善待自己，他沒有善待和照護的概念，又如何能把他不懂也沒有的東西給別人呢？

所以他的犧牲和奉獻，不是出於他了解別人的需要和感受，也不是他能明白他人需要什麼樣的尊重和善待，而是因為一種地位卑微或是覺得自己不配、不值得擁有的反應，所以他只能沉默無聲。他也只能聽從支配和順應別人的索求，被動地在關係中被任意犧牲及任意使喚，或是被剝奪，沒有能力去協調和討論；他同時也對於如何表達自己和回應別人，感到無助和無力。

一個人不懂何為尊重，就無法堅定地支持自己，無法尊重自己的意願和感受，也很難在任何需要艱難選擇的時刻，清楚覺知自己的態度和立場。他的心中會因為恐懼和焦慮，而大量地出現「算了算了」、「沒關係」和「不要計較、不要在乎」來壓抑及壓迫自己噤聲，不允許自己有真實感覺和想法。

若是生命中所做的決定都是出於「不得不」和「無力爭取」的虛弱自我狀態，那麼軟弱無力的自己，是無法為自己維護和倡導任何權益的。無法維護好自己的基本權利，也難以善待回應自己的需求，於是，別人就很容易以「強勢者」、「剝奪者」及「控制者」的姿態，出現在他的生命中。或許是內心既無力也無法維護好自己，以致讓他內心更渴望能待在強者、權威者身邊，然後以卑微心態，視自己為低階層，任由別人以不尊重的惡意來對待和操縱他。

這種關係或許一時間因為各有所需而很緊密，但一旦脆弱的關係結構遭受破壞，就會瞬間瓦解。那些破壞，像是原本構成關係的利益條件消失了，或其中一方想改變權力結構，或是有更具吸引力的其他條件介入了，都會使得原本緊密相依的關係，風雲變色，發生一連串的關係變異和撕裂，讓人怵目驚心。

我們要開始建立一段關係，很需要先觀察及清楚辨識自己的狀態。人在脆弱時難免渴望情感和支持，也想要有協助和陪伴來應對生活的壓力和困難，但是，若是一開始的基礎點，不是建立在維護自己的主體感，促進自我的修復，讓自己能獨立自主之上，而是想依附關係索求安全感和重要感，或是想透過關係填補內心的空洞和虛無感，那麼就等於讓不良的關係有機可乘，可以藉由提供那些因為情感脆弱所引發的各種心理需求，來行使操控和索求行為。

即使遭逢情感脆弱的時刻，或對自己產生某種生命的懷疑或虛空感的時候，還是要盡力保持理性，思辨和覺察自己是否產生想依賴關係的心，或是產生想找誰來拯救自己人生的期待。這些都是警訊，幫助我們評估一段關係的建立是否一開始就走錯路。唯有在接納和尊重個體存在的基礎上，才可能實現有品質的關係。

療癒五

病態的關係來自你內心的地獄

我們與他人之間的相互排斥，來自我們太需要認同，也太害怕孤單。

不要過於把你身邊的任何一個人「理想化」，因為，當他無法完成與符合那樣的理想時，你便會把他「妖魔化」，他因此成為你極度厭惡與極度唾棄，或者極度否定的一個人。

但其實，他本來就既不理想完美，也不妖魔可惡，他僅僅只是一個平凡不過的「人」，擁有他多面貌的人性，擁有他的光明和黑暗。

因為你內心的想像、內心的塑造以及你內心的渴望，於是你在對方身上投射出一個想要崇拜或想要厭惡的形象，這些情感的移情，其實與對方無關。

無論我們怎麼想像別人，又如何評價別人，那都不是真實的對方，我們不過戴著自己想戴的那副濾鏡，看見我們心中所認定的對方罷了。當我們懷抱著美好想像來看他人時，他就成了我們的天堂，救贖我們的寂寞和消沉；當我們以滿腹的厭惡和排斥來看他人時，他就成了我們的地獄，消磨著我們的能量，干擾我們的寧靜。

如果無法加以辨識和加以覺知，那就只能在理想化和妖魔化別人的擺盪中，反覆地升起，再反覆地跌落，最後搖擺不定，不知要如何與別人互動、如何真實地相處。

身為人，我們都既不完美也不理想，但也不是全惡和全壞，我們都是在極度利己與極度利他之間擺盪，也在極度顧全自己與極度顧全他人之間掙扎，有著想利己也利人的人性，有著想顧全自己也顧慮別人的意念，在來來回回移動中，嘗試找到個體和群體之間的平衡與交集。

在慢慢試著理解沒有人能完全完美的過程中，我們能做的，是老實對待自己，真誠隨著情境應對。

習慣爲難與自己不同的人

其實很多關係的模式是相對論。你覺得他的「強勢」很讓你受不了，急欲擺脫；他覺得你的「軟弱」很讓他受不了，急欲要你爭氣。

你覺得他的「懶散」很讓你不順眼，看不下去；他覺得你的「認真」很讓他反彈，總是翻白眼。

你覺得他的「自以為是」很讓你無奈，很想迴避；他覺得你的「沒有主見」很讓他擔心，很想建議和忠告。

我們與他人之間的相互排斥，來自我們太需要認同，也太害怕孤單。我們習慣去要求「同」，於是常為難另一個不同的人，不能讓他做自己，並且剝奪屬於他的個體性。

接受不同，同時包容彼此可以安心存在，才有開啟對話和真實相處的可能。否則，在關係中也只是相互侵害、相互指責和攻擊，最後就只能成為陌路人了。

關係中，先要能創造讓彼此安心的氛圍，才有機會認識彼此，並進一步了解如何相處。

試著練習換位思考的能力。試著去了解你的世界是你的世界，他人的世界是他人的世界。在你的世界不允許、視為不道德的事，在別人的世界未必不允許、未必也是不道德的。

若你要執著自己的「正確」，認定只有你認為的標準、規範和道理才是這個世界唯一的準則和做法，雖然你的執著會鞏固你自以為的世界，以及提供你不失守的人生法則，但你還是無法決定別人的世界，以及他想要擁有一個什麼樣的生活。

你若看不慣他的人生，無法接受他的世界，離開便是了，這世界很大，不一定非與他糾纏不可。但你不僅以不放手的姿態死命抓住他，卻又不滿意他過人生的方式，不滿意他的世界，更想摧毀、瓦解他的世界，那麼，無疑的，這是你在控制，也是你在侵犯別人的世界，是在對別人的世界興起極大的惡意和敵視。

如此耗費能量和體力、心力及時間，和一個人搏鬥及糾纏，這不會是因為愛的緣故，這是因為怨憎的緣故。死命地要對方認輸，要對方慘敗，把對方視為一個不道德、不合標準的失敗者來教訓，讓他做你批判、貶抑下的低劣者，這麼做到底是為哪樁？

複製早年的情感傷痛

當我們無法清楚意識為什麼要如此反應時，只知道內心有一種毫無緣由的衝動，非這麼做不可，即使試圖訴諸任何理性思考，嘗試釐清或換位思考，都無法順利與那些不恰當的認知和行為脫鉤時（明明知道會兩敗俱傷，還是非做不可），這時候大多指向早年的情感傷痛——內含未竟之事及未完成的情緒。

某種程度來說，那些可以被歸類為情感創傷的心理陰影或是心理情結，大多有一個背負冤屈的自己，也許是在過去弱小無力時被傷害、被虐待、被絕情冷漠忽視，以致留下一個一直想證明自己的存在是「唯一正確」、「完美」、「無瑕疵」、「不再弱小」，以為推翻了自己的自卑和無助感受，那些曾經忍受的無助和恐懼，還有被輕視的難堪情緒，就會得到救贖，自己就可以不再內疚或羞愧。

於是，所能想到自我救贖與擺脫過去恥辱的方法，就是在身邊安插可以讓我們踐踏、讓我們欺壓、讓我們羞辱及貶抑（猶如過去我們曾經遭受的待遇一樣）、讓我們發洩及報復的人，我們就以為可以逃脫過往那個可憐無助的自己。也就是在位置移動的過程中，我們坐到那過去殘忍及充滿挑剔的大人位置上，那是我們曾經以為的強者的化身，然後我們找了一個替死鬼，接替當年失敗及弱小的我們的位置，誤以為這樣做我們就能成為強者，足以控制及支配別人的世界。

但其實這是一種病態的關係。

然而，心理受傷及生病不像身體的受傷或生病那麼顯而易見，所以很多人看不見自己的病態，也看不見在關係裡複製的仇恨怨憎，只是不停地找替死鬼，不停地複製殘暴和苛刻，周而復始，讓自己和別人都離不開他內心的地獄。

就如一個酗酒或吸毒的人，認為酗酒和吸毒是日常；一個習於暴力的人，會認為暴力的存在是理所當然；而一個處於病態關係的人，不會認為病態的操控和精神虐待有什麼問題。

如果你不清醒過來，不意識也不覺察你內心真實的痛苦及扭曲，依舊持續地迴避、不面對，那麼你內在的地獄會持續地外化為你的外在世界，這個世界就真的成為你的地獄。

療癒六

這一生，能貢獻自己就是成功

習慣比較和看別人有什麼也去拿什麼的模式，讓我們成為喪屍一樣的存在，失去自己身為人的本質。

常常有人說：「人在江湖，身不由己」，這一句話正說明一個人為了生存，即使不是自己所願的事，他也會去做。

對一個過去經歷貧困、匱乏、不公平和許多剝奪的社會來說，生存無疑是最大的生命焦慮，所有的訊息都在傳遞：「你可能無法生存下去，除非你夠努力、夠靈巧、夠聰明、夠會競爭和爭奪。」

在匱乏的環境下成長，於是把競爭和爭奪當作生存的武器，像是拿著刀刃和盾牌，不斷地找人搏鬥、找人競爭，彷彿活在這世界的方法是唯有把別人壓下去、踩在腳下，證明自己可以拔得頭籌、贏過任何人，如此才有保障生存的條件。

在這種集體生存焦慮的氛圍中，為了讓自己可以生存，任何手段和方法都是不顧一切的，只要為了成功的目的，就沒有什麼需要顧慮的。所以這個社會詭詐欺騙的伎倆層出不窮。

一個沒有品格塑造，只有生存利益的社會，勢必會讓每個人活在情非得已當中，像「社畜」一樣的存在。只管喊著成功、贏、勝利，卻沒有理念、價值信念和想貢獻社會的理想。短視近利、只看眼前好處的結果，往往就把自己的一切賠掉了。

人生當然需要目標，有目標才能定錨，才能知道人生要前進的方向，也才能知道這一生自己要耕耘和累積的是什麼。但短視近利，只會變得在乎當下生存得利的目標，著重眼前的好處，而沒有更進一步思考會連帶引發後續哪幾步？會付出什麼代價？

盲從，一直是社會一個不變的現象。因為害怕自己沒有、害怕自己輸了、害怕自己晚了，造成焦慮反應。所以即使可以從非常多的歷史痕跡看到盲從的悲劇，或是盲從帶給人生命的損害，但盲從的人仍是多數。

因為焦慮，所以盲從。帶著恐懼和焦慮過生活，無論已經有多少物質及經濟資源了，內心依然感到不夠、感到匱乏，仍是喊著「我要」、「給我」、「我不能沒有」。

為了所謂「害怕自己沒有生存條件」、「害怕被社會淘汰」，只好為五斗米折腰，然後只要有一點空閒時間，就不斷地向旁人埋怨自己工作和生活得有多麼不情願、不甘心。為了賺取支撐生活的薪水，許多人讓自己活得沒有熱情、沒有嚮往，也沒有自己的心靈生活。

因為焦慮，所以盲從，把生命投擲在接收別人的價值觀，接收別人的主張，卻忘了自己內心的渴求。

工作的意義，是在創造我們的自我價值，也在工作中體會自我實現的意義。但因為社會集體的生存焦慮，為了物質和金錢需求，家庭或是學校培育孩子，所著重的並非是發掘孩子的天賦和能力，也不是讓孩子認識自己和瞭解自己。很多人在求學過程，習慣聽父母的安排，也習於聽師長的建議，要選擇什麼科系、要學什麼才藝、要參與什麼活動，都是旁人說了算。而家長們更常是因為周圍的其他家長都這麼做了、這麼安排了，怕自己孩子輸了、慢了，也趕緊加入、趕上。

於是，我們就像是罐頭工廠一個模子製造出來的產品，出社會的時候，只有更加的茫然、惶恐，絲毫感受不到對自己的自信和認同。

這一生，你能好好完成自己、實現自己，就是莫大的成就。成功，可以有很多層面和定義。不盡然是主流社會迷失在失去熱情及希望之下，所製造出來的及時行樂主義或是小確幸的補償作用。自我生命價值的發掘和貢獻，也是成功實現自我的途徑。

從不認識自己是誰，到發現自己的侷限和框架、自我意識力量的啟發，再到修復自我的完整性，由自身到周圍關係的正向影響和轉變，這一連串的變化也是一種令人佩服和尊敬的成功，而且這種成功更能充實精神層面，讓你的這一生不虛此行。

療癒七

把「在乎」留給值得你在乎的人

為什麼要不斷地把自我的價值和愛的需求，交付在任意對待你、最不在乎你的人手中，任由他們用殘忍的態度、傷人的話語控制你？

生活不總是令你喜歡。

有許多人的評價和武斷，可能引發你的憤怒、焦慮、痛苦或沮喪。他們就像是人生旅途上的干擾或風雨，阻撓你的前進，甚至讓你一時間茫然、不知所措，不知道自己究竟要何去何從？

其實，你一直有自己喜歡的事，也知道自己的興趣和熱忱，在人生的競賽場上，你總是勇敢和努力地認真面對。

但是，有時候，你在乎錯對象，誤把自己的價值和重要性，放在不適合的人對你的評價上，然後反覆地因為這不對的人對你的指指點點而情緒起伏，卻不知道對方的批評指教，其實是為了掩飾他自己的懦弱。

你問，那你該在乎的人是誰？誰是那適合的對象？

請記得，這一個你要在乎的人，必須是一位了解你的不完美但接納你的脆弱，同時尊重和接納你的人，這才是一位你需要真正在乎和重視的對象。

你需要學習辨識和取捨。若無法割捨那不對的干擾和阻礙，就無法獲得足夠的能量，往你內心正在奮鬥及真心夢想的地方前進。

專心地鼓舞自己，試著召喚自己的勇氣去探險，而不是被限制在舒適圈裡動彈不得。一旦失去感受和思考能力，就只是徒具呼吸功能的個體。

只要讓生命擁有「正確」的支持者和鼓舞者，我們都可以心想事成，成為你喜愛且尊敬的自己。

把能量花在錯誤的人身上，將使你耗竭殆盡，得不償失。

渴求愛與情感是生活中不可或缺的基本需求，得到歸屬與尊重，是不能抹去的渴望。我們活著不只單靠食物，我們想要追求重要感、價值感，也期盼擁有幸福和親密感。

然而，當這些基本的生命價值需求和對情感的渴望，遇上了階層及不對等的關係時，就成了操控者握在手中的籌碼，盡情行使情感操控和情緒威脅。

所以，不要用卑微和低姿態來獲取感情。對控制者來說，只要確認了你的低自尊、低自我價值感，以及自我認同的不穩定和自我發展受損，那他幾乎就會將你視為手中的玩物，你隨時都有被操縱和擺布的危險。

覺察病態的執著

你要留心自己為什麼會不斷地把自我的價值和愛的需求，錯付在任意對待你、最不在乎你的人手中，任由他們用殘忍的態度、傷人的話語控制你？而你卻看不到、聽不到他人對你的殘酷與冷漠，甚至還自我批判和反省是否自己還做得不夠好，以至於得不到對方的滿意和肯定？

越是強調自我反省，對自己充滿批評和否定的人，在錯誤的關係裡，越是需要殘酷者的認同和肯定。而越是想依賴對方給予愛與接納，那幾乎是把自己置於懸崖邊緣，隨時有墜落的危險。自我價值受損，低自我尊重感的自卑反應，會讓人覺得自己的生命位階低下而弱勢，只能靠著強大和優勢的他人來予以救贖和包容，得到「合格」的他人認同和讚許，才能證明自己的存在不是出錯的生命。

但，把自己的重視和在乎，錯付在殘酷和冷漠的人身上，期望對方轉變及願意回饋認同，這是一種病態的執著，等不到善果。

如果你已自覺無論過去或現在，你都是如此對待自己，也如此誇大他人的優勢和權勢，任由對方以強迫及無情的方式支配你、指使你，那麼，請你給予自己最深的憐憫和心疼。

若不是你對自己無情和冷漠，你是不會把自己推向無情和冷漠身邊的。若不是你太習慣以殘酷及批判來對待自己，那些殘酷和批判的對待就不會被你合理化，然後默默接受。

你一定可以看見自己的生命歷史，從小開始即處在充滿負面批判的聲音和挑剔的要求中，一刻不得閒。那些出於別人口中各種批評及指責的話，都成為你對自己的要求和勸誡。只要是別人說出來的否定，都是對你的扣分和排斥，以至於你太害怕不被喜愛，唯恐可能會遭受拋棄。

然後，像是沉睡在一場永遠不會醒過來的惡夢中，總是在努力追求別人的滿意和認同，以及在別人的批評和否定中循環，反覆失落和沮喪。

你何時願意清醒過來，何時就有機會把別人的人生價值觀和態度，歸還別人，你不必背負完成他對這世界的要求和期待，你也不須為他負責去建立一個滿意的人生。如果你看重自己的人生，也珍愛自己的生命時間，你會明白，單單要完成你自己滿意的人生，單單要成為一位你自己喜歡的人，就需要你全心全意了，實在無法再活在別人的懦弱及不想負責任的迴避中，任由他出口指揮你去做。

若真的要聽從或合作某個任務，那也要真的是一位值得你佩服，也值得你信任的人物，有實力也有歷練，能承擔責任也具有洞見。他值得你學習，而不是要你服侍和為他犧牲。他樂見你成長，獨當一面且更有能力和活力，他自然就不會三不五時貶抑你和打擊你。

你何時看清楚人際之間的詭詐和狡猾，何時能承認，你就何時能清醒，真正有力量地活在這個現實的世界。

療癒八

能夠面對生命裡的分離，才能成長

接受別人發生的情緒反應，但要尊重自己的選擇和意願，不要把這兩回事混在一起，否則你為了成全別人，就會折磨自己。

當你在練習維護界限以及練習尊重自我時，避免不了重新過濾人際關係的歷程。

你的通訊錄會改寫，你的互動對象會改變，你的人際關係會有一次又一次地洗牌。

但別怕有人離開，請勇敢地面對分離。因為離開的，是已經不適合的；而留下的，會更有界限的共識，和對彼此的尊重和接納。

人生沒有不散的宴席，人際的清理也是自我重整的歷程。不清理人際關係的人，必然對自我成長的需求及狀態，一知半解，總以為只要都不失去任何關係，一切看起來都沒改變，才是人生最好的事。

如果，你的生命處在成長模式，那麼你會前進，你會開展生活範圍，會開始發覺自己尚有許多不懂及不明白的事。你會了解如果沒有離開既定的舒適環境，就幾乎沒有機會去發現這個世界有多大及多豐富，這個世界是多麼值得我們勇敢去愛、去完成自我實現，以及去經驗在完整自我過程中的各種鍛鍊。

一直想要維持永恆不變的關係，總是希望熟悉的周遭事物、習慣、生活模式都不要經歷改變，這樣的生活幾乎不需要面臨挑戰，也就不需要去面對與學習一些不擅長的事，但相對地也就無法去擴展自己的所知。

無法面對改變的人，某種程度上是無法處理分離的人。無法處理分離，也就無法分化出界限。他習慣什麼都不要看清楚想明白，也習慣把大家都拉在一起、黏在一起。分成你和我，分出彼此的個體性，對他而言不是自在的事，反而聯想到許多的拋棄和拒絕。

這樣的人沒有辦法覺察自己的依賴和不想長大，只想留在滿足自己幼年未滿足的需求狀態中，像是永遠在吸吮母奶的嬰孩，只需要感受到懷抱和溫暖，不需要去增長任何的力量和能力來面對外在的事物。

增長獨立的力量

如果，你深知自己想要成長，想要成為一個在關係中健康地相互依靠和連結的人，你就需要增長自己的力量，支撐自己的存在，靠自己的力量站立在這世界上。

嬰兒不需要靠自己的力量站立起來，事實上他也還不具備這樣的能力。但是一個勇於和世界聯繫的嬰兒，他會用本能呼喚周圍的照顧者，用聲音哭喊，讓別人發現他的存在，供應他的需求。這是人的「生存本能」，他要活下去。

接著，渴望長大的嬰兒，會隨著本能在成長過程中適時嘗試透過自己的力氣和力量去探險——無論是翻滾、爬行或站立，再到會走和跑。一個成長型的生命會離開最初被餵養的位置，想以自己的行動擁有自由和自主。

所以，生命的主動和成長本能，會讓我們自然而然地渴望自主，也了解到若是要成為自己，必須要離開最熟悉的親人和環境。有離開的能力，才有成長鍛鍊的機會。

所以，若是遇到分離的時刻，若是分離的情境發生了，除了經驗傷悲和體會失落，你或許可以有另一層的體會，那就是你有機會面對自我的獨立和完成個體的發展。這時候，你會發現界限的存在，你會知道人與人之間，無論有多大的不捨和眷戀，終究還是一個個獨立的個體，終究會需要面對分離的到來。

你對界限的概念越模糊，對人際關係的界線越無知，在分離時刻到來時，體會到的糾結和撕裂感會越強烈。然而，即使再痛、再難，這仍是生命必然要面臨的課題。

練習人我關係界線，最重要的幾個要素，就是：

- 改變認知思考系統：不被過往慣性控制的人際經驗所制約，理所當然以為要服從及聽話，或是產生恐懼不安的身心症反應。能認知人我關係之間，需要彼此的界線來保持個體性，維護每個人的獨立自我，不彼此侵犯、騷擾及占據。
- 能知道也覺察自己的感受：承認自己內在的情緒，才能瞭解自己需要的人我之間的界線範圍，以及想要劃下怎樣的底限，並評估如何以正向的態度做好面對、溝通及協調。
- 在互動中要保持理智，以有邏輯及合理客觀的思考，應對別人可能出現的「含糊」說法及要賴，並辨識出對方企圖以所作所為慢慢引發你的「同情」、「罪惡感」及「內疚感」等等情感操控的方式。
- 建立正確觀念及原則：例如，別人請你協助他，不代表他能用要賴及勾動罪惡感的方式來脅迫你。你的幫忙，是要在對方也相對努力面對及解決自身問題的基礎上，同時你也考量自己真正能夠給予幫助的範圍。答允協助，不代表就要無條件回應對方、滿足對方。你越能清楚自己的立場及界線原則，就越能增強自己的防護線，否則就只能任人踐踏和試探、拉扯。

理解但不需要解決別人的情緒

活在現代，特別要磨鍊和學習的是「情緒界限」（禁止他人情緒滲透進入的範圍）。設立及維護情緒界限（情緒防火牆），是為了保障我們擁有獨立感受、獨立體會情緒歷程的權利。

情緒界限是，你知道別人的情緒，你能做的是「理解」，而非「解決」。不去嘗試改變他人的情緒感受權利和歷程。

你可以理解他的情緒有其脈絡和歷程，但你對他的情緒沒有「控制權」，真正能控制及處理情緒的只有情緒的主人，你能做的，是尊重、理解，最多是陪伴和支持，但絕不是被控制或操弄，甚至被索求滿足。你要先照顧好自己的情緒，先安頓好自己的情緒，不再任由內在的情緒焦慮、不安。

情緒界限是，你不會試圖以配合和應允對方的要求，來消除或想要解決他的情緒，這樣只是任由他的情緒綁架你、控制你。

當你可以接受他人對你的不滿意和失望，並尊重對方的情緒經驗，你才可以還給彼此完整的個體界限，不至於受對方的情緒影響，而改變自己真正想要的選擇、做法或決定。

你需要很清楚地明白，每個人都只能對自己的選擇負責，若是因為別人的情緒而影響自己的選擇，那只會讓你成為別人情緒的俘虜和囚犯。

建立情緒界限，鍛鍊自己內在情緒的防護線，維護好自己的內在及身心安全。當你可以面對任何關係中的兩個人是不同的個體，不是連體嬰，也不是理所當然地互相牽扯，各自仍有自主和自由，此時你能獨處，可以接受和別人在觀念上、選擇上、意見上和行為上的「分離」，你才能真正的獨立而完整。

療癒九

這個世界沒什麼道理，你要有創造幸福的能力

不論你想要做到什麼，或期待看見一個什麼樣的自己，都需要來自你真心為自己選擇。

這世界很沒道理，但你要有創造自己開心的創意巧思。

別人過於自我中心，以致不會去同理及體會你的反應，所以你會難過、會沮喪，也會受傷。

但會難過、沮喪和受傷也沒關係，因為你知道，你仍會有方法讓自己開懷，讓自己走過情緒的起落。

最重要的是，活在一個沒有道理的時代，你還是要有讓自己活得暢快、開懷和幸福的創造力，這才是我們活著的意義。

習慣為不必要的事糾結、習慣為超出自己能力範圍的事內疚、習慣為別人的人生煩憂……這些習慣究竟為什麼出現在生活中呢？你可想過為什麼你要終日這樣過日子呢？

如果輕鬆點、不掛心點、不為別人擔憂，會發生什麼事？會有什麼後果發生嗎？

往往我們心底害怕會發生的壞事，都是跟害怕自己被說是自私、不關心別人、冷漠無情等等批評有關。我們想要被人接受、被人喜愛，於是時時刻刻為別人打抱不平、為別人傷神、為別人提心吊膽、憂心忡忡，以此顯示我們好為別人著想、兩肋插刀，是個善良的人。

這種非理性的內疚和擔憂，自顧自地把別人的人生「是否過得正確」、「是否過得好」攬在自己身上，來滿足別人對自己是怎樣的一個人的期待，不僅犧牲自己的生活品質和許多能量，甚至還不允許自己真的享受生活、活得輕鬆自在。

你怕活得輕鬆自在、活得開懷，會讓誰生氣，讓誰不滿嗎？還是會讓誰叨念和訓斥？

往往你懼怕要面對的那一個人，他正是造成你無法過得快樂幸福的人。不快樂和不幸福，真的會感染和傳遞，像病毒一樣。

所以，你要辨識和察覺，你是否受了無意識的感染而不自知？你是否無條件地接收和認同了某個人的人生信念和教條制約，以為那樣活著才是正確？

逃出社會設定的陷阱

長久以來的社會文化，不是建立在我們有權利追求幸福和活得自主自在的思維上，反而是灌輸我們要照顧別人、滿足別人、聽從別人。當別人有需求時，我們就需要背負起滿足他人需求的責任，不能求自己的快樂，不能享樂；要看見別人的辛苦，同時還要問問自己是否可以減輕別人的負擔，是否造成別人更辛苦？

這些早年的灌輸和影響，以不清明及非理性的型態，深植在我們的潛意識，以致我們根本說不清楚究竟自己是怎麼想的、怎麼感受的？然後被內心一股莫名其妙滾燙著的焦慮感支配，非要自己怎麼做不可、非要自己一定、必須要如何才行。

比如，看見別人遭遇不公平，自己一定要挺身而出；被父母要求一件事，一定要服從和滿足；看見別人過得不好，一定要出面解決或承擔；別人開口有需求，自己一定不能拒絕。

我們好怕自己沒有遵守這些文化制約和教條，被說成一個很差勁的人，甚至被怒罵和厭惡排斥地說：「你這麼沒用，生下你做什麼！」所以，你自小活在生存焦慮中，對自己的存在感到良心不安，彷彿你的存在若不能證明你的能力和有用，就是一個隨時要被遺棄和淘汰的人。

如果你也狐疑為什麼這世界會如此沒道理？為什麼有能力的人越扛越多、越做越累，而沒能力的人，不需要學習和訓練，只需要一直說「我不會、怎麼辦」就可以迴避面對很多人生的實況？那麼你就會了解，這世界的沒道理在於要求和索求有能力的人去無限承擔，卻忽略人人最重要的責任是照顧好自己的人生。

所以，有能力者被道德綁架，被情感勒索，一肩扛起所有的責任；拒絕成長及抗拒練習承擔的人，持續地迴避面對自己人生的課題，持續地推託責任。

掙脫自我譴責的牢籠

若不是有人習於困在自己的譴責，常被綁架及勒索，怎麼會有人可以如此沒有節制和沒有關係界線地覺得別人的存在都是要服務他、滿足他？

就像無所不在既定成俗的刻板印象，對我們造成的桎梏，例如：生為老大就是應該代替弟妹解決問題，或一肩扛起照顧弟妹的責任；做女人的，就應該溫柔婉約、善解人意，得人喜歡；做男人的，就是要有擔當，不能輕易表現出脆弱和恐懼；為人伴侶的，就是要讓另一方無憂無慮，照顧好對方，讓他開心快樂。

這世界很多所謂做人做事的道理，其實都是很沒道理，所用的是強迫、要求、訴諸犧牲和討好外在，而不是訴諸合情合理的責任分擔，和各自責任的歸屬。而會任人恣意要求的，往往都是最重視情感、最在乎關係的人，同時很可能也是害怕被拋棄和被拒絕、自我虛空的人。

若你想要創造幸福，要先明白幸福不是你有能力讓別人過得好、過得無憂無慮，因為這並不真實，你根本無法控制別人的感受和情緒。總是一直在乎掛慮別人的情緒好不好的人，其實是對關係焦慮和不安的人，所以才會一直去滿足別人。

真正創造幸福的能力，應該回歸到一個人有能力透過自己的成長和鍛鍊，練就安穩自己的力量。

於是，你能夠在人生起起伏伏之間做到情感平衡，調節自己的挫折或低落，能不受制或受限於內心的焦慮和不安。於是，你不會受無意識的自卑情結支配而去為難自己。你不會拿自己當人質或當贖金，一直去向外換取自己內心缺乏的安全感和被喜愛的感受。

　　於是，你能喜愛自己，不為難自己，友善地對待自己，這樣的能力才能真實地創造你的幸福，即使我們仍活在一個沒有道理的世界。

療癒十

他人對你的批評與嘲諷，是掩飾自己的怯懦

沒有人該有什麼權力，可以任意地抨擊你及貶抑你，除非你賦予他。

如果你身邊有人沒什麼產能，也無法做出什麼利益社會或使人受惠的事業，卻看不慣你的才能及成就，那麼，這種酸葡萄心態留給他就好，你不需要把他的負面看法歸咎為自己做得不夠好所以惹人厭。

別人以「酸」來度過人生，無法實踐有產能的人生，自有他要承受的後果，別讓他來干擾你及消耗你。請明確肯定你自己的生命價值和能力，回到對

自己的認同和尊重上。

你的人生能否活出意義，能否連結有意義的社會關係，這些不需要經由酸言酸語批評你、看扁你的人同意或讚許才能實現。當然，被別人的「酸」潑灑到，並不舒服，也覺得無辜，但還是要了解「酸度破表」的人，才是最被自己的酸侵蝕的人。

也許你會因為閃避不及而有些損傷，但必須回來呵護及照料自己的小傷口，及時修復自我。並且充分地清楚認知人生過程無法讓每個人都喜歡你，這是存在的一部分，這個世界並不完美，人性有其黑暗情緒的面貌。

如此，你才能真正為自己選擇正確被對待的方式，也為自己辨識及選擇能真正尊重及珍惜你的人，讓他們來到你的生命。

若是你懂得辨識及真正地選擇，那麼，就讓那不當對待你的人離開吧！或者，至少你要清楚你有自主權，懂得適時離開。不要綁架自己的主體，任由他人惡意對待和傷害，甚至受對方壓迫和控制。

你很認真及努力過日子，試著讓自己成長、茁壯、自我負責。不要任由他人冷嘲熱諷，並活在別人自顧自地解讀及損害裡。

他人，不是你；你，不是他人。你的人生要如何，取決於你內在的力量是如何。

至於他人要如何過他的人生，或如何決定他的日子，你要做的是尊重他、祝福他、但不要去干涉及爭辯，那只會耗費你寶貴的力氣及能量。

辨識誰在消耗你的能量

只有你實現自我想要實現的人生，為自己辨識、選擇和負責，你才會真正活出你的生命尊嚴和價值，也才能跟負能量的人越離越遠。

別總想要以不停努力來渴求別人的認同。尤其面對不真誠及無法尊重別人的人，你就算再努力再謹慎，往往也得不到肯定，反而只會因為過度盲目而消耗你自己。

活在這個世上，你要練習辨識誰在消耗你，誰在幫助你成長。當你發現無論你說了什麼，這個人都說著另一件事；無論你如何嘗試要對焦，他都只顧著說著自己要說的，特別是對你的酸諷和否定，那麼，你要學習辨識此人是否真的與你交流和討論，或是他只是在做人身攻擊，試圖毀滅你。

這種以唯我獨尊的姿態，盡做侵占、占用、剝削等得寸進尺的事，在如今的網路時代，恐怕只會越來越盛行。因為看不見真實的人，沒有真實的人際互動，以敲敲鍵盤的方式表述己見，太過方便，想寫什麼就寫什麼，並不覺得自己正在跟某個對象說話，也就毫不關切和毫不留心寫出來的內容會對別人造成什麼情緒感受。

重度使用網路進行互動的人，漸漸地就會越來越缺乏人際關係的情感能力，也降低同理心的能力，更容易產生自我中心反應，只說自己要說的，很難真正聆聽及了解別人的立場。因此，才有研究顯示，常使用網路通訊或常掛在網路媒體的人，孤寂感的程度比較重。

若說這世界有黑暗面貌的存在，以網路這樣虛擬的世界來說，它觸使人們將自己的人性黑暗面，毫無克制地宣洩在網路上。因此，當你在使用網路互動時，就需要更謹慎及覺察那些來自網路無意識和不明的投射、憎惡或仇恨情緒，是否默默地寄生到你身上。

這是身處二十一世紀的人類，不得不面對的課題，以及必須要思考和探究的人類行為之一。

若是你能即時治癒你早年生活被破壞的個體界限，也能覺察、辨識出是哪些人一直在製造混亂，且不斷地合理化自己所做的侵犯人際關係界線的行為，那麼，你對自己的心理守護及內在秩序的建立，仍具有力量。

我們的過往難免有許多生活的挫折和承受諸多人際關係的傷害，以致人際關係界線混亂不清，難以守護好自我個體的界限，但只要你修復自己的存在價值感，回到尊重生命和愛護生命的態度上，那麼懂得設下界限的你，不再混淆、不確定，反而明白了這是尊重彼此、守護和成全彼此，最具體的表現。

每一天，讓我們腳踏實地，

沒有遙遠理想化的自己在某處等你，

只有誠實歷練、可靠學習的你，

陪著自己過好每一天。

第四篇

成為平靜有力量的你——設立個體界限的十個練習

練習一

卸下生命中不必要的內疚感

你的存在價值，不是為了背負他人的生命責任。

我們從來不是為了某個人而出生，也不是為了誰的需求而存在，更不是為了要滿足誰而活著。

任何人的出生，是因為生命展現其本身的奧妙與奇蹟，每個個體的存在，都是因為要領略存在的體驗及生命真相。

活著，是因為要經驗與完成此生所要經歷的歷練以及自我實現，真實地成為你自己，而不是任何其他人。

承擔自己生命的責任與重量，不是為了要得到誰的讚許及認同，也不是為了符合誰的期待，好得到他的喜愛及滿意。

當你沒有要討好誰，當然就不需要順從誰。

當你沒有非要誰不可的需求時，當然不須依賴誰。

相同的，沒有人是為了得到你的讚許及認可而存在、而誕生；也不是為了符合你的期待和標準，而活著。

要知道，我們都只是彼此的人生過客，更是世界的旅人，在百年之後，我不記得你，你也會淡忘我。

我們相逢的意義，是在過眼雲煙的往事片段中，在某一瞬間，我們從對方身上所照映回來的各種情感歷程，及所能察覺的陰影傷口，從中把自己認領回來、拼整回來，也完整真實地愛回來。

我們能如實成為彼此的清明鏡子，那已然是相會一場，最大的福分和善緣了。交會話別以後，我們又走在自己的人生路上，你是你，我仍是我。

完形治療創始人波爾斯，他有一首完形祈禱文，是這樣說的：

我做我的事，你做你的事。

我在這世界不是為了要實現你的期望而活，

而你在這世界也不是為了我的希望而存活。

你是你，我是我。

如果偶然地我們發現彼此，那很美好。

如果沒有，那也是沒有辦法的事。

若能看出這一首詩對人際關係的不綁架及不強迫，看出這一首所傳遞的真實而自由的關係，相信已能領會及明白生命一場是怎麼一回事。能相遇而有所交流、交換人生心得自然很好，但若是無法產生交會的連結與同在，甚至彼此錯過、話不投機，那也是需要接受的事，不須去過度期待，再用力強求。

強摘的果實，怎會甜美呢？

強行去繭的蝶，又怎會飛翔呢？

接納與臣服是種力量

任何生命乃至事物，只要以強迫強行控制，勢必因為施壓過猛而造成反彈。順其自然是一種接納，也是一種臣服，更是一種接受真實的勇氣。讓事情的演變順勢而為，讓兩人的關係順其自然，無為所帶來的發展，往往更能看見人生的原貌。

往往我們的社會習慣以強迫或勉強來進行很多事務。你被迫滿足他人，被迫答應他人，被迫做沒有意願的事，即使你不同意、沒有意願，你仍不斷地受到強迫要脅及勉強，必須順從和符合他人的期望。要過一個自己真心實意想要實現的人生，確實不易，但首先要讓自己別再習慣用內疚感綁架自己。

當你習慣用內疚感逼迫和綁架自己，顯示了兩件事：

- 你根本不愛自己，無法友善疼惜自己，總是任意對自己大刀砍下去，視自己為可惡的人、有罪的人。

• 你無法面對許多內心掙扎和痛苦的情緒，不敢承認自己的「決定」，不能體認自己的真實感受。因為無法認同自己，所以只能用內疚感來迴避承認自己的選擇，並加以懲罰自己。

內疚感是焦慮和無能為力下的產物，不願意接納自己的有限，也不願接納自己的脆弱或無法給予，以內疚感來控訴自己，及批評自己怎麼可以如此容許自己。

你要知道，內疚感不會讓你更好，也不會讓你更有勇氣承擔。事實上，非理性及慣性的內疚感，只會讓你陷入自我譴責和自我批判的漩渦裡，讓自己遠離可以踏實幸福的岸邊。

或許你的潛意識是如此，根本不愛自己的生命，不認可自己的存在，因此下意識地以勉強自己、逼迫自己，來做為傷害自己的手段，耗損自己有限的生命，慢性輕生。

若是如此，你是不會去意識到以內疚感來做為督促及強迫自己去順從及滿足別人，有多麼讓你的生命受到傷害。不僅讓你身心受到壓迫，也讓你的人生無法體會到幸福和美好，枉費了這一生，也失去了生為人的意義。

除非，你願意讓自己是個「人」，活得是人，而不是工具或器具，更不是用來保障誰的需求、滿足誰的供應器。

或許根本的問題是，如果你沒有讓人索求及依賴，你就不知道自己是誰？當你不是拿時間和生命能量來真正地認識自己，反而拿別人做為迴避接觸自己的藉口，以別人做為自己生命的中心，那麼，你自然就順理成章地不再費心感受自己、理解自己和接觸自己了。

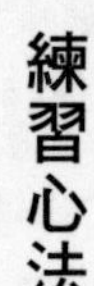

練習心法

練習清楚覺察自己的意願和感受，戒掉迴避「感受自己」、馬上興起「內疚感」指責及批判自己的習慣。如果這種內疚感只是為了讓自己順從或討好他人，更沒有必要。這種對待自己的態度和方式，是不正確的。

請學會為自己的決定「負責」，並告訴自己：「我在對自己的選擇和決定負責。」

要說「不」時，仍可多以肯定自我的態度和用語，練習承擔及接受「這是我的選擇」或「這是我的決定」。例如：

「我決定不參與」。

「我選擇不同意」。

「我決定分手」。

「我選擇放棄」。

然後，學習去尊重別人有別人的情緒感受歷程，別習慣急著迴避別人的情緒感受歷程，也別一看到別人有情緒反應，就覺得自己有責任要安撫對方、滿足對方，甚至覺得是自己的錯才引發對方的情緒，急忙消除對方的情緒反應。

學習接納自己會讓人失望或失落。別人的失望和失落，有他需要去面對及學習調節的過程，無論他要經歷什麼關卡或過程，這都是屬於別人面對人生的課題，這是你無法取代承受，或是無法再任意挪走的必修功課。

練習二

護全主體性，認真做自己

真正的長大，是內在的整合，知道與確認自己有能力照顧自己，並且能穩定地保持這個承諾。

許多人在表現自己的決定或反應時，常出現這樣的反應：

可是，別人會怎麼說……

可是，別人會怎麼看……

可是，別人會怎麼反應……

你要明白，你只能「負責」自己能做的，只能負責想要的選擇和決定，盡力地不生委屈及怨恨，但你「無法決定」和「無法控制」別人的反應和看法。

若你做任何關於自己生命及生活的決定，都要擔憂及害怕別人的反應和看法，那你如何為自己做出自己真正想要的、真實感受的選擇和決定？

你又如何對自己的人生負責？

那些想要在別人心中留下善良感覺、好人感覺、完美形象、乖孩子形象的人，常常難以尊重自己的意願和選擇，因為對他們而言，「別人會怎麼覺得」比自己的真實感受和想法，來得重要太多了。

當你有類似這樣情況的時候，你需要先試著思考清楚：無論如何，你是無法去決定和控制別人會怎麼想、怎麼覺得、怎麼說的，因為別人也都只能做他自己想做的反應、會做的反應。

把自己的選擇和決定，依附在一定要贏得別人的「理解」、別人的「支持」、別人的「贊同」、別人「沒有情緒」、別人「沒有批評」，那無疑是讓自己做困獸之鬥，不僅無法讓自己自由開展，也無法為自己的人生負起真正的責任，一切只能迷失在別人的評價和反應之中了。

只要推給「別人會怎麼想、會怎麼說」，我們就不用負起自己決定的責任，一切都可以歸咎是他們害的、他們影響我的、他們叫我做的。

事實上，自己無法做出選擇和決定，往往跟別人關聯不大，而是自己無法自立，無法處理自我內在的混亂和衝突。

辨識自己

停止想像別人照著我的期待給出反應，讓自己是自己、讓別人是別人。

你真正要辨識及確認的是：

我會怎麼看？

我怎麼認為？

我如何感覺？

我如何思考及決定？

這才是你的主體。

人本主義治療大師，提倡案主個人中心治療學派的卡爾・羅傑斯（Carl Ransom Rogers），認為一個完整且豐富、活出自我的人，其人生是豐富、充實與興奮的，會以更加強大的方式經驗歡樂與痛苦、愛與心碎、恐懼與勇氣。他曾說：「一個美好生活，我深信，是不適合膽小鬼的。它牽涉了拉伸與成長以便去發揮一個人更多的潛能。它牽涉了『去成為』的勇氣。它代表了一個人完全投入於生命的洪流之中。」

如果一個人的內心深受無限放大的恐懼綁架和操弄，彷彿人生沒有其他的情感體驗，沒有其他可能，只有無數的各種恐懼，如此受限於恐懼的狀態，究竟從何而來？一大可能是，他深受早年生命的制約所挾持，同時沒有什麼興致去了解如何展現自我、開展潛能。

受到制約及損害的心靈，失去了靈敏力與彈性，心靈僵化，以至於欠缺調節及恢復內在心智功能的能力，無法恢復感受力、思考力及行動力。在功能缺失和偏頗的運作下，難以深入覺察自我的狀態，無法反思辨識自己的感受和想法，造成了述情障礙（無法辨識及描述自己與他人的情緒）和思考障礙，同時面對外界刺激只透過自動化反射來反應。因為對自己的起心動念一無所知，於是就更容易受內在衝動爆發的恐懼所控制，無法掌控自己的情緒和思考。

當自我的主體性如此殘缺破碎，像遺落的拼圖一樣，看不出整體，也不知道如何完整呈現整體時，怎麼可能成為一個完整的自己呢？

聆聽內心

很多人都曾問過：「什麼是自己？」、「我是誰？」

似乎要深刻地認識自己、了解自己，是何等困難。之所以如此困難，就是來自於我們以「廣納他人的聲音和意見」為名，不設限也無條件地任由其他人發表高論，對我們指指點點，自顧自地表達他們的意見和觀點。有人這樣說，有人那樣說，但我們就是沒有學習好好聽自己說。

加上我們的自信不足，害怕自己失誤和出錯，以為只要多聽別人說、多詢問別人的觀點，就能收集越多人的觀點、經驗、說法，就越能萬無一失地知道如何決定。

但這樣的態度和方式，往往只會讓我們更加難做決定，因為聲音太多、意見太難歸納。除非你有非常堅定的自我功能，懂得分析、探究和歸納，客觀總結出對自己最有利的做法，並且去執行它，否則大部分的人都無法在收集越多資料及資訊後，知道該怎麼幫自己取捨和劃分。

要確立生命的主導權，必須練習訓練自己的主體性與心理界限，取捨自己要的和自己不要的。當你要做出決定時，必須傾聽自己的聲音。當你要做出自己衷心的決定時，必須了解自己的主體性。放任主體薄弱虛無，你的生命就會被吵雜不清的各種聲音，淹沒、覆蓋。

練習心法

在日常生活中練習和自己連線，爲自己的情緒感受和想法，以及行爲背後的動機，負起自我覺察的責任。

練習做第一個爲自己生命負責的人。

例如，當發生界線衝突或突發事件時，回到自己身上，試著去釐清及辨識清楚：

「我有什麼感受？」

「我在想些什麼？」

「我想要做些什麼？」

「我想要什麼樣的情況發生？」

透過釐清及清楚辨識自己，才能進一步拿捏和評估，眞正要爲自己訴求的，以及需要和外界協調的部分，到底是什麼，也才能進一步從眾多資訊中找出對自己有利的部分，有所取捨。

練習三

在如此混雜的世道，要能勇於斷捨離

那些事那些人那些經歷，當走過時，你才會看見那些特別的日子和故事，都是在過程中和自己交會連結。

人生在世，除了能分辨「我的事」「你的事」「老天的事」之外，也要能通透三句話，練就運用這三句話的力量和智慧，協助自己斷開拉扯和混淆的混亂情境：

1. 這無關我的事。

2. 這無關你的事。
3. 這無關他的事。

學會了解「無關自己的事」減少攪和、拉扯，和莫名陷入。
學會明白「無關你的事」減少別人對你的干涉、指使和控制。
學會運用「無關他的事」減少去在乎不相干的人對你的評論和指指點點，還有不去參與許多的耳語八卦。

你的生命要真正重視誰、在乎誰，你是有選擇權的，沒有人能強迫你，除非你自願被強迫。

若你常去在乎以惡意對待你和評價你的人，任由他們干涉和指揮你，而感受不到你對自己的支持和信任，那麼，這可能是因為你不認為自己的存在有價值，也不相信自己有能力去選擇及決定自己的人生。

人生，歸還給自己最好。讓你自己專注在你的事，讓別人去決定他自己的人生。

選擇你喜歡的，捨下你不喜歡的，這也是自我界限的鍛鍊。

你能否將喜歡的人事物放進自己的內心空間？還是不知怎麼回事，那些討厭、不喜歡的人事物，總會占據你的心頭？

要越多，不見得越快樂

無法專注的人，大都有無法取捨的問題，本質上和設立界限的能力有關。不知道自己要什麼的人，就會什麼都拿、什麼都要。但是因為還是無法辨識出自己真正需要的、渴望的，所以拿進來、收進來後，還是做不到「捨下」和「刪去」。而最讓人無力和無奈的是，即使拚命地把東西拿進生命裡（無論是物質、活動、條件），還是感覺不到快樂和幸福，當然也沒有體會到真實的滿足感。

能真正知道自己好奇什麼、有興趣什麼，真心渴望什麼的人，才能全心全意投入，達到心無旁騖的專注。那種忘我和入神的經驗，讓人遠離人世間的煩憂，進入一種精神境界的平靜安然。即使感覺和全世界短暫分離，但因為全神貫注在自己心領神會的專注裡，因此風平浪靜，因此超越汙濁且狹隘的視框，達到一種意義的昇華，心靈的滿足。

但受制於世俗社會制度的有限性和阻礙，人們活在追求當下的快速愉悅，以懶得動大腦、不想費力的方式，盡情追求身體感官的刺激，以此把自己的生活偽裝得既精彩且絢爛。然而，身體卻一天比一天沉重，意志一天比一天還要消沉和頹廢，不知道到底怎麼回事怎麼也休息不夠，總覺得疲倦，生活持續混亂而失序，直到撐不住為止。

人的一生，就像是手機的電池，每一天都需要開機、關機、蓄電。有人很難關機，無法真正地把能量復回，就在電力不足中持續耗電。日復一日，能使用的電力能量越來越少，總是在電力隨時要用盡的情況下，勉強蓄電，然後用一下，又立刻面臨能量殆盡邊緣。

這種無法真正地關閉，以致終日耗損的情況，也反映了界限設立不夠確實的後遺症。無法真正分化出什麼時間要做什麼事，無法管理和掌控自己的心理運作，總是發生：「我明明知道現在該做什麼，但我做不到。」像是，明明知道現在該休息、睡覺，明天才能早起工作，但因為不想結束當下的自由和隨心所欲，而捨不得睡。

白天遭遇越多的勉強，夜晚越需要補償。白天越身不由己，夜晚就越容易被想要解放的自己挾持，於是落入不管後果也要用放縱當作放鬆的循環。

群體中的你是否孤單

在如此混雜的世道，要能勇於無關，不掉落在把別人的人生當作自己的人生來過的陷阱裡，看別人追求什麼就跟風追求；看別人拿到什麼條件，就立刻也以那些條件為標準；看別人如何在五光十色的刺激中，膨脹自我的感官反應，自己也莫名其妙跟著做，以為那樣會得到極致的快樂。

群體常讓我們有這樣的誤解，以為只要是「群體」做的，就沒關係，就是正確。但其實我們是用依附「群」來營造自己並不是孤單存在的假象，並且誤以為那是歸屬感，所以「群」怎麼做，我就要怎麼做。

但若是真正覺察這當中的個體行為，就會發現我們是如何藉著隱身在群體中迴避個體的責任，我們不想要為自己的選擇負責，也不想要時時刻刻把自己端詳清楚、覺知清楚。當我們過得混淆模糊，甚至活得失去了健康和尊嚴，也失去了自主和自由時，我們總是可以這樣怪罪：「都是他們害我的，都是我交了壞朋友，誤信了人。」

難怪社會心理學家佛洛姆（Erich Fromm）這樣說過：「人們完全被狂熱的自我中心與永不饜足的財勢貪欲淹沒。連帶地，那些成功者跟自我的關係、安全感與自信心也受到毒害。對他們而言，自我與別人，只是一個可以拿來操控的對象。」

要維護生命的主體，就不能迴避自己。生命有些重要時刻，會讓我們真正地明白，學習「斷開」、「捨下」無關自己的議題和情境，並放過自我糾結，也是人生的一種大勇氣、大智慧。

練習心法

在日常生活中，以肯定的「我」的訊息，取代否定或懷疑的訊息，以建立自己清晰的心理界限。

例如：以「我想要冷靜獨處，需要一些個人的時間。」取代「我不想說話，不要跟我講話。」或是「我很煩，我不知道我爲什麼會這樣？」

肯定的「我」訊息，能強健自我的穩定度和內在力量，不是把自己當受害者，也不是持續以混亂的方式，迴避面對外界的衝突，或迴避感受自己內在眞實的感受。

練習帶自己抽離無關自己的議題或是情境，不無意識地隨之起舞和攪和。也不要因爲太害怕被群體排除、被邊緣化，會失去歸屬感和參與感，於是硬要參與在群衆的鼓譟中。

練習承認自己：「還不了解」、「還不十分確定」，或是：「我還需要時間思考」、「我要獨處想想」，都可以爲自己拉出個體需要的空間和時間，得以思考因應的策略或眞心想要的決定，不陷入爲了要反應而反應的焦慮裡，匆促決定，結果徒增懊悔。

練習四

學會肯定自己，生命才能自由

從這一刻開始，為你自己堅持、認同你自己，找到自己內心聲音的力量，不再依賴外在的肯定或支持。

你的「改變」若是讓身旁的人有感，除了會引來支持的聲音，也會招來否定或反對的聲浪。

然而，只有你自己知道為何你需要有這些「改變」，也只有你自己能明白這些「改變」，是否必須堅持下去。

你的「改變」不是為了滿足誰的期待，而是你對自己人生的負責，是為了成為一個你想看見的自己。

這樣的「改變」才能支撐著你，走過那些好的壞的各式各樣的評價，抵擋那些想要強行介入的干涉和批評。

若是你真心想要改變，這一份內在動機就會激勵你，讓你往雖然艱辛卻無法輕易放棄的方向，持續邁進。

如果，你害怕離開已知和熟悉，不相信「改變」能為你帶來更好的自己和關係，那麼，外界那些否定和批評的聲音，或許能讓你照見自己內心的掙扎和不確定。

只有你能為了自己勇於去承擔損失和後果，你才可能真的往前一步，離開原本生活中最熟悉的邊界，前往未知的世界去經驗未知的自己。

任何的突破和重建自我，都需要堅持，若你終於擺脫幾十年來迴避面對人生、老活在怪罪裡的模式——不是怪罪自己，就是怪罪別人——那麼，從這一刻開始，為你自己堅持、認同你自己，找到自己內心聲音的力量，不再依賴外在的肯定或支持。

擺脫怪罪的生命模式

在這世界運行，各種聲音都會存在，支持和否定都會發生。有人褒，就有人貶；有人按讚，就有人會喝倒彩。重要的是，你對自己的態度是什麼？是支持？是否定？是信任？還是自我懷疑？

學會肯定自己，不論是自己的選擇或是決定、自己的感受或是觀點，或是自己想做的目標，都需要認同自己。肯定自己有表達內在思想、感受的權利，肯定自己能為自己做出充分說明，讓外界更進一步了解，但不是要逼著別人認同，或想勝過別人的論點和表現，非要爭個對錯是非不可。

真正懂得「肯定自己」的人，是對自己的想法論點、感受和情緒、行為和意圖，都能負責的人。他會自己把想對外溝通表達的意圖，想清楚也說明白。他不會推卸給別人，也不會妄想用散亂和語焉不詳的字句，來獲得他人極高品質的理解和回應。

像是有人說：「我好煩」或「我心情亂糟糟的」，短短幾個字之後，就什麼都說不清楚了，既說不清楚發生什麼事的脈絡及其前因後果，也說不清楚自己的情緒力度。無法分層分類歸納，無法分析自己的情緒組合物，當然也難以梳理內在亂爆的潛意識陰影及情緒觸雷點。自己什麼都說不清楚或懶得說（不為自己的表達負責）的情況下，卻渴望別人彷彿都該有讀心術，能具體講到他心坎裡，讓他什麼都不用費力，只要接受外來的暖暖包或是磁力貼，感覺溫暖舒緩、神清氣爽就好了。

經年累月，這樣的人是無法真正「肯定」自己的，他會有非常多的不肯定、不確定，於是很習慣說：「好像是」、「可能是吧」、「我也不確定」，然後，就更需要也更依賴外界的告知和贊同，很難有自己的定見和描述。

心智的成長，是我們身為人很重要的一項專利，雖然動物也有牠們的智商能力，也能接受訓練和學習生活經驗，然而，牠們的突破有限，特別是牠們無法創造，也無法建構意義。這是人類一枝獨秀的能力，能深入探究，也能透過不斷學習，開展意識能力，自我啟發和超越，因此發展出一個獨一無二的我。這樣的我不僅展現出自己的能力和本事，還能貢獻外在世界，為集體創造更好的生活品質。

不被過去的經歷限制，也不受童年的遭遇框架制約，試著透過對自身的研究和了解，掌握自己的理性和情感。深入剖析自己的言行舉止和人際關係的模式，從中辨識出自己如何受過去經歷所綁架或制約，否則就會像是手腳被鎖鏈纏繞許久，即使鎖鏈早已鬆開了，自己仍太習慣被鎖鏈綑綁，不知自由是什麼樣的感覺。

鬆開自我慣性的鎖鏈

人與人的相處與互動，以及自己生活的方式，往往也多被過去習慣的經驗模式所限定。在不自覺中，每天無意識地重複著某些動作、慣性與情緒感受，而不自知。

若沒有提升對自己的覺察和辨識，就不知道要停下來反思自己的觀點或情緒發生了什麼歷程。缺乏對自己的覺察，就無法進一步調動思維和情緒模式，依然落入無意識的固定模式，缺乏對周遭環境、他人與自己的敏感度。

爾後的人生，就只能在遲鈍不敏銳中度日。對環境的變化、他人的變化，乃至自己的變化，都毫無覺察，過一天和過一年，過一年和過數十年都一樣，沒有什麼進步和變化。

生命本是傾向成長的，過去小時候不懂成長的意涵，加上許多身不由己，讓很多人一心渴望長大。只是，那時的心思全然放在不斷遙望遠方、渴望自由自在，不知要好好在當下歷練，成長茁壯。爾後，當有一天我們真的走到了當初的遠方，內心的束縛和包袱還是那麼多，依舊無法卸下，一樣沒有自由。

自由或解脫，並不在遠方，而是在每個當下的經歷。你是否能充分地專注在自己所體驗和所遭遇的磨練上，讓每一個當下的領悟都化為你成長的養分，澆灌滋養你，讓你真實地感受到自己的模樣和力量，告別過去，開出新局。

懂得承擔，這才是真正的自由；因為懂得承擔，才能享有自由；懂了承擔自己的生命重量和責任的人，也才能真正是一個自由的人。

如此可貴的自由，只有如實成長的人，才有瞥見它的可能。

練習心法

肯定「我」的狀態，不論自己的感受、觀點、動機、價值觀，都要練習試著辨識和標定。不論是不喜歡或不要，或不同意的，或自己想要的、喜歡的、同意的，都要練習從覺察中提高意識去釐清。

肯定地說出「我」的訊息，即使和別人不同，或別人沒有回應，也練習選擇不棄守、不消音。

肯定說出自己的想法觀點和感受及體會，是在試著呈現自己這一個人是如何活著、如何存在和展現。

只有我們自己能做到清楚覺察及辨識自己，他人是無法頂替我們去標注及論斷的。若有人這麼做了，那麼你就更要練習說出你自己的觀點和想法，並爲自己說明。不要誤以爲是去說服和解釋，於是帶著焦慮要去解釋，這樣只會適得其反。你眞正要做的是，有力量地爲自己明確說明。說明清楚了，心安穩了就放下，不去控制他人如何各自解讀以及會有怎樣的情緒投射，因爲那已是你無法負責的範圍了。

你可以在內心進行如尼布爾的《寧靜禱文》，堅定自己內在的力量：「神啊！請賜我平靜，接受我無法改變的事；請賜我勇氣，改變我能改變的事；請賜我智慧，能夠分辨兩者的差異。」

接受自己能做到的範圍，有勇氣改變，也能平靜接受。唯有你眞正認識及了解自己，你才能分辨這兩者的差異。

練習五

力挺自己的成長與幸福

有人用一生治癒童年，有人用童年療癒一生。我們不需要否定過去，但也不需要被過去決定。

成長是自己的事，既然你都不上心，還能期待誰會比你更關心這件事？實現自我，成為自己，你都不在意了，自然也沒有任何一個人需要比你更在意。

善待自己，關愛自己，你都不當一回事了，那也沒有任何一個人需要比你更當一回事。

沒有人必須為你的成長負責，也沒有誰必須付出他所有的力氣、時間和能力，來幫助你實現滿意的自己。

想想，唯有你，陪著自己走過生命中的所有經歷，一同度過所有悲歡離合，無論是醒著或是睡著，你跟你自己是同時存在的連結。那麼，你不是應該最懂自己的苦和傷，最懂自己受到什麼樣的剝奪和損害，以至於內在有許多苦痛和損害發生嗎？你不是應該最懂自己的傷和痛，所以最想要治癒和修復自己的人嗎？

當然要是。無論你的身體或心理失去健康，或是受損、受侵害，你都要是那個最重視，也最關心的人。

主流價值的圈套

這樣的關心和重視自己，不是因為不要讓誰失望，或渴求誰的肯定。社會上有許多人不敢覺得自己有價值，以致不敢承擔和重視自己的行為表現，總是要給自己理由：「我是為了讓愛我的人不要失望」、「我是為了讓我的老師不要灰心」、「我是為了不要讓我父母擔心」……，好像若說是為了自己要治療身心、要療傷休息、要休養沉澱，是不成理由的，除非身邊有人不斷地表達不放棄與支持，那麼我們才敢說是為了自己。

把自己必須面對的選擇和決定，推給了別人，當自己做不到時就說：「我讓你們失望了，我不好」、「我沒能讓你們另眼相看，是我無能」、「我沒好起來，辜負了你們」。這也是一種沒能課題分離、人際界線混淆的現象。

糾纏混亂互相推生命責任，是不是很常見？我們的社會文化長期以來也缺乏促使每個個體好好承擔自己生命選擇和決定的氛圍，不允許個體好好思索和面對自己的生活處境，好好做下決定並承擔起後果，反而總是讓別人以各種「你要做給我看」、「你不要辜負我」、「你別讓我失望」等等來做要求。外界的要求表面上是關心，實質上是控制和要脅，以強迫的方式剝奪當事人自主的選擇權利。

若是你冒出這樣的念頭：「難道要看那個人爛下去？」或是「那個人明明

沒能力為自己思考對的決定！」那麼你要覺察，這種評斷其實來自於你先接受了主流價值所認定「應該要如何活著」的教條及價值觀，以此很大程度否定了別人的自主權和能力，甚至漠視對方的自主權利，想要糾正他。這樣的你本質上也是一個活得沒有主體性的人。

一個沒有主體性的人，就不會給別人主體性，更不會懂為什麼需要尊重每個人的主體性。在他的世界裡，只要他覺得自己在主流社會裡是成功模樣，他就會毫不遲疑訓示別人，給別人人生建議和意見，不去聆聽別人的感受，當然更不會反思他自己的人生究竟為什麼如此信奉主流價值。

所以，這樣的人所謂的關心，其實只是在剝奪及漠視別人的主體性，他才會說：「你不要讓我們失望！為了我們加加油」、「你不要辜負我們陪伴你，趕快好起來讓我們見識」、「你要做給我們看啊！不要讓人看扁你。」

這些話語，控制的程度讓人渾然不覺，畢竟我們從出生之後，早已麻痺在這種充滿干涉和介入的對待中，周遭充斥著以隱藏性的羞辱和歧視，佐以充滿大施恩的憐憫，要我們趕緊趕上這世界的成功列車，否則被淘汰了就後悔莫及。

離開焦慮的人生

所以，我們能不焦慮、能不煩躁嗎？我們還想不明白、弄不清楚自己內心究竟發生了什麼情況，個人又面臨到什麼瓶頸和關卡，就被一堆聽起來相當華麗，充滿著「為你好」的用心良苦，實際上卻讓人胃部糾結、頭部發疼的大道理，壓迫到呼吸不過來。各種無法釐清的複雜情緒，像是各色氣體能量，在我們內在亂竄亂衝，讓我們的身心窘迫，苦不堪言。

好好面對自己的人生，好好地朝向自己的目標前進，做自己真正有興趣、有活力的志業，讓自己完成此生的自我實現。往這個目標前進的道路上，或許會意興闌珊，或許會納悶：「我的生活沒問題啊！很好啊！我本來就這樣啊！為什麼要學習？要成長？」

當有這樣的遲疑時，要停下來思考，這個「本來」是真的本來嗎？還是習慣用「本來」來做為自己不須覺察、不須改變的託辭。

有趣的是，我們往往並不會用「本來」來看待別人，不會認為別人本來就這樣，這是他形成自己模樣的權利，所以他不須改變，不需要活在其他人的評論和指點中。

這樣的差別待遇，是不是常發生呢？以一種「我可以常指正你、評論你，但你不可以這樣對我」的形式出現。

成長是每個人自己的事，真的無關他人。不想成長的人，自然不願意面對自己，還會不斷地鞏固自己的既定觀點，特別是以認定的自我概念去產出一番解釋來論述自己，合理化自己的作為。

唯有願意真誠坦誠地回頭看看自己，深入了解自己，辨識來自潛意識的作用，才能打破被過去框架所制約的言行舉止和意念，重新選擇。

練習心法

傳統上，家庭教養的方式往往是為了讓孩子跟上主流價值的標準和期待，深怕孩子會被社會淘汰，或將來沒有足夠的條件擁有較順利的職涯。如此也造成我們個人除了以主流價值的條件論（學歷、名次、物質條件、頭銜、金錢），來評論自己的價值外，就沒有其他可以肯定自我存在價值的方式。

現在請練習肯定自我生命的獨特價值。方法是，請依照你知覺及感受到的自己，對自己的存在「特質」及「美德」或是「能力」進行肯定，認同自己的獨特形成。

例如，在一些經歷或事件過程，發掘及覺察自己的特質或能力，給予自己身為這樣一個人的正面肯定：

「我是一個細心且謹慎的人」

「我蠻能感受和理解別人的需求」

「我感覺到自己還挺有勇氣，願意冒險」……

越能肯定「我」這個人的價值，就越能建構出有別於傳統或主流價值漠視人「獨特性」的條件式評價，成就獨特的自我。

練習六

讓自己療癒，恢復心理健康

放下對自己的敵意，如果愛對你而言很模糊，那麼就以關懷及溫暖的涵義來取代，關懷自己一天過得如何。

如果，你安撫不了自己，那沒有人能真正安撫得了你。

你若根本不知道自己需要的是什麼樣的安撫，那麼任何安撫都會像煙霧吹過一樣，什麼都感受不到。

你若知道自己需要什麼安撫，那麼，你便有了機會好好地連結自己。深入內在的情緒，適時給自己安撫，無論是肯定自己、給予安全感，還是理解或認同自己。

若你沒有辦法了解及分辨自己引發了什麼感受和情緒，那安撫確實也就無法真正產生效用，只會在你的關係中引發更多的解釋、內疚和怪罪，還有更多的防衛，難以真正地讓內在安息和平靜。

情緒關照，是能靜下來連結及體會自己的感受，辨識自己的觀點和想法。所謂「心理調整」及「心理療癒」，是你的內在（大腦）恢復思考力和情感力的過程，是你重新活在一個自主而自由的狀態，這是很需要你從內部與自己進行的事，別人無法著力什麼。

而你若要調整及重新建立自己的內在，你需要好好陪自己走這一段雖然孤獨卻很充實的鍛鍊歷程。不再依賴別人來給，抓別人來靠，不把別人當救生圈，而是以自己的力量跳脫舒適圈。

一直只想到讓誰來幫、來指導、來給予安撫，那終究還是一直迴避自己，不想真的承認及面對自己的內在，那是無法增強面對外在風風雨雨的免疫力和抵抗力，當然離修復和重建更新的狀態更遙不可及。

還原本來的你

心理療癒和自我修復，和身體的疾病治療是相似的，光只有了解身體的健康知識，或知道如何維護健康，是不能真正獲得健康，關鍵在於落實行動。

看心理成長或療癒的書籍，也是僅讓我們了解機制和知識而已，若是缺乏落實行動，放棄小步驟、小步驟的聚焦練習所帶來的復健效果，就不會發生任何真實療癒心理功能、恢復情感及思考功能的效果。

簡單來說，療癒就是「恢復你是你自己」，像是回到原出生的狀態，讓你的所有功能：分化、獨立、成長、開展、特質發展、整合、自我實現，都能一一進行和發展，讓你得到益處，使你的生命豐盛而自在，隨心所欲而不擔憂觸犯或觸怒外界的規範和他人的界限。

因為你能懂得觀察和評估，懂得分析及決定，知道在自己和他人以及環境之間，找到三者的共好及互惠，不再只是自我中心只顧自己的需求和感受，也不再僅以他人為中心排除自己的需求與感受。

你會明白，你有能力讓自己實現幸福有能量的生活，你也可能為別人和這世界帶來幸福和能量。

這才是真實的療癒。不是塵封或遺忘，或甚至切割過往的傷痛經歷，讓自己渾渾噩噩度日，以為那是療癒。

療癒是，你走過的歷程和發生過的事，你都承認也接納了，並且漸漸地領會到生命中所發生的事，已經無法輕易地定義為好事或壞事。對你來說，這些人們眼中或口中認為的好的或壞的事，都是你歷經拾回自己、尋回靈魂、癒合破碎，最好的道路。沒有這些道路，你仍是那個遺失自我、遺落靈魂，支離破碎的你，連「自己」是什麼都無知的你。

療癒，就是和自己完整重逢，在斷裂、誤解、譴責、怨恨之後，終於能和自己握手談和，擁抱回最親愛的自己，不再分裂、不再相殘。

你知道你有權利，做一個健康的人，一個真心誠意，活出自己的人。

練習心法

平常練習自我安撫及情緒調節，讓自己不以習慣的隱忍及壓抑方法自我束縛，僵化於創傷經驗中動彈不得。

情緒的安撫及調節，第一步在於能感受和體會。在感受和體會中辨識出「情緒」的類別或型態，不論是沮喪或挫折，或是生氣、哀傷、恐懼和厭惡，都先感受。

只要能自由感受，不批判和壓抑，讓情緒可以流動，我們就可以不執著於情緒當中。

習慣隱忍和壓抑的人，情緒會因爲否認和漠視，只能像是不動的死水，凝聚堆積在內在某處，形成壓力，造成身心沉重，或是不斷引發身體的疼痛。

以下四個安撫及調節情緒的方法，若是能保持自我連結及時關照，就能降低損害自我身心的程度：

1. 以關愛的態度和意願如實感受和體察情緒，不壓抑及不批判自己，也不強化情緒的激發（不加油添醋）。

2. 辨識情緒的類別或型態。先替情緒命名：「我感受到＿＿＿＿」、「我有＿＿＿＿的感覺」。辨識並命名之後，用手去觸摸這個情緒的凝聚處或反應區（例如：胃部或胸口），保持規律呼吸或大口呼吸，調節情緒的壓力或張力。

3. 體察這些情緒是因爲什麼樣的需求或渴望而來，例如：生氣可能來自渴望被尊重、因爲沒有感受到關愛及支持而覺得失望、因爲沒有覺得自己是安全的而恐懼……。試著辨識出這些需求或渴望。

4. 回應自己因爲這些需求或渴望而引發出的情緒，對情緒予以安撫和肯定，並且進行一些接納和允許。例如，回應自己的生氣：「我知道你覺得被冒犯、不受尊重，因此很氣憤也不平。我知道你需要尊重，也渴望別人的重視，沒有得到期待中的尊重讓你很挫折和氣憤，但這些不代表你就是一個不值得尊重的人。你會生氣，正是因為你知道你是一個值得尊重的人。」

在此以「情」、「感」、「觸」、「摸」來標定這四步驟，你也可以練習以這四個字，作為引導你安撫內在及調節內在的口訣：

情：先對自己抱持感情、同理心，或願意關懷的態度。

感：連結感受，從身體感受體會、慢慢覺察身體反應。

觸：觸及情緒合成物，辨識情緒粒度（成分），包括情緒引發所涵蓋的需求及渴望。

摸：非口語（眼神、手勢）觸摸，及口語內容的同理貼近、反映及正面肯定。

透過日常的這些練習，讓我們的情緒能保持在自我照護中，讓調節力和靈敏力都能自由運作，由內建立起維護心理健康的自癒力和復原力。

練習七

深入生命的黑暗時刻，凝視及整合內心自我

當你自責，當你愧疚，當你遺憾，當你懊悔，當你難以接受當下的處境與結果時，請在那一刻，再多愛自己一些。

人生旅程，難免會有黑暗時刻，也會走在暗黑不見光的路段。然而，星星的光芒，若沒有黑暗的存在，又如何顯出明亮呢？生命的成熟和蛻變，就有如發出亮光的星星，在黑暗中更顯耀眼奪目。在我們願意臣服、謙卑、領悟之後，那些生命裡的黑暗遭遇，會造就我們的生命光芒，讓生命更璀璨，也更加明亮清晰。

接受自己的有限，也接受自己曾經的無能為力。從接納真實的自己開始，讓自己真誠成為「我」，學習接納所有經歷的自己，並開始有意識地為自己重寫一個有真實愛、勇氣、智慧的人生故事。

在人生的歷程，我們都有自己的黑暗，也有自己的光明。但成長和成熟是，你能領悟你的黑暗不是黑暗，而是一段要你端詳自己，往內凝視自己的通道。

不管貌似無人的隧道，或像是走在滿天星空下的曠野沙漠，你內在的隧道或沙漠，都是為了讓你只看見自己，深刻地與自己面對面，體悟如何和自己相處的機緣。

這時，你可能才會發現，你跟自己的關係有多陌生？或有多糟？多麼深植敵意？

在黑暗中，若你能成為自己的光，並有不滅的能源和能量，那麼，那正是你真實愛回自己、擁抱自己，以溫柔的心貼近自己的時刻。在那之前，你或許會望見一大片黑暗，感覺連半點微光都沒有。若這黑暗持續很久，那份孤寂和空虛，或許會讓你發慌發狂，極度恐懼也極度不耐。

榮格在他的語錄《紅書》中寫著：「若你理解黑暗，它就會抓住你。它臨到你頭上，就像夜晚有藍色的影子和閃爍的無數星星。當你開始理解黑暗，沉默與和平就會來到你頭上。只有那不理解黑暗的人才會恐懼夜晚。通過理解你內在的黑暗、夜晚、玄秘，你會變得簡單。」

「理解」你的黑暗。你才有機會發現，黑暗並不只是黑暗，黑暗往往涵納著許多你未覺察的情感，還有你那尚無法通達的自己。神給了我們光明，卻未消除黑暗，就如同神允許了黑暗，但未讓光明不再降臨。

成爲內心小宇宙的治理者

然而，為什麼在我們的內心，那黑暗卻會如此凝重而漫長呢？那是因為我們未能成為自己內心小宇宙的治理者。我們沒有建立秩序，沒有讓一切的運行有其道理，反而總是雜亂無序。我們沒有讓自己內心的小宇宙獲得最佳的管理資源和量能，反而任由內心的暗黑蔓延擴散，無邊無際。

許多生命的時刻，是我們耽溺在黑暗中，拒絕看見亮光。那是一種自我放逐，以為自己不屬於活在光明之下，可能以為自己是汙穢的、不潔的、令人不齒的，或是受人鄙視的。我們以為自己是過街老鼠，只能在黑暗中躲藏度日。

這樣的黑暗，是苦刑，是通達不了內心的彼岸。

只有你開始凝視黑暗，像是終於在黑暗中凝視了自己，你才會發現，黑暗能讓人把自己看清楚、看明白，不再只看見那光亮照射下光鮮亮麗的自己、讓人欣羨的自己、討好媚俗的自己，或是那必須浮誇，裝腔作勢的自己。

黑暗，能領你走向你以為眾人都嫌棄的你、厭惡的你、排斥的你；也會讓你瞧見恐懼、無助、膽怯和不安的你，甚至時常懷抱自責、內疚和羞愧的你。這些你，就像是幽魂鬼魅，飄來飄去，讓黑暗極其可怕和恐怖，讓你緊閉雙眼，不想看，假裝沒有它們。

所以，你無從理解你的黑暗，因為你從不願意理解自己。

你的黑暗就像這世界的黑夜，總是要讓我們沉澱，離開白天的匆忙和拚搏，離開那些必須關切的他人和世界。單單走進自己的世界，與自己連結，安撫一天所經歷的各種驚心動魄，給予自己平靜和修復，讓黑夜，成為療癒自己的一份溫柔。

你的黑暗讓你在各種人生的戰役之後，能安穩地陪伴自己療傷止痛，把經歷過的魂飛魄散，一一召喚回來。用最真誠及忠實的姿態，像是一個忠心的管家，撐起最大的空間，分別出最不受打擾的時間，看護著需要療傷的主人，靜靜、安心地經歷修復歷程的各種煎熬和起伏。

你若真實地理解及接納了自己，也能理解黑暗的存在。人生，不可能只有光明，如同這世界，也不可能只有白天。全然白晝和全然黑夜，一樣令人崩潰。

若能明白宇宙萬物的運行有其秩序，秩序來自於界限，沒有界限的世界，只會是一片渾沌，連形都沒有，那麼，自然就能理解我們內在的宇宙，也應當如此。無論是光明或黑暗，沒有界限的存在，就會破壞秩序，讓我們的內心成了荒蕪之地。

任何的被造物，或是存在這世界上的存在體，不會無意義地存在。只有人還不了解的意義，但不會沒意義。

若是覺得內心的黑暗沒意義，或是覺得黑夜沒必要，恐怕都是因為未曾真正理解過黑暗、黑夜，所以視之為無聊或沒必要了解。

深入你的黑暗吧！事實上，深入到自己黑暗的人，才可能找到自己的完整靈魂——那個早期跟不上你，或被你遺棄落下已久的靈魂碎片。當你找著了自己的靈魂，能與自己的靈魂合一，那麼完整的自我、不支離破碎的自我，才不會輕易地又被外界事物擊潰而破碎離散。如此，你才會有一個堅定而有力量的內在自我，足以陪伴你走過此生的高山低谷，都不再與你自己分離、分裂。

練習心法

你需要轉化你內在的黑暗，成爲你生命的光芒。

很多人害怕生命裡的黑暗，因爲此時人們會以外界主流價值的評價，在自己身上貼負面標籤，抨擊自己：失敗、沒用、可憐、不幸、倒楣、活該、爛咖、丟臉、衰。

已經走在不容易的逆境中，非常耗費能量才能撐住自己經歷大風大浪的風雲變色，卻很難看見自己的支撐和努力，只有更多對自己人生黑暗期的諸多批評和厭惡、敵對。

這是對自己無情無愛者常見的反應和作爲：下重手、嚴苛批判、大力抨擊。

所以在轉化練習上，首先要先承認自己的痛苦，並連結自己的痛苦。如果對自己的痛苦麻木及無感，必然會對自己不抱感情，也就毫無仁慈和寬容。

專心回到自我的修復上，並從逆境中，省察及反思自我過於天眞或過於忽略事實之處，但不因此否定自己、嘲諷自己。請誠懇地陪自己學習客觀地認識這眞實世界，也務實地認識自己的限制或缺失。

從挫折及逆境的體會中，以自己最信任也最能給予安全感的朋友姿態，深入與自己對話，了解這個過程自己的體會和遭遇，並問問自己：

你領悟了什麼？

你覺察或發現了什麼？

你因此又多認識自己的哪些面貌和人性？

你因此發現過去哪些部分的做法和行爲，是因爲對人生的不理解或認知偏誤所造成？

經歷這些，你透過這段歷程學習了什麼？又獲得什麼心得？

如實地覺察自己，離生命的光亮就越來越近。

練習八

從覺察及尊重自己的情緒、感受和想法做起

一遍又一遍去辨識及理解，對自己而言，什麼是真正在乎的，什麼是真正渴望的，什麼是自己在執著的，什麼又是自己在逃避的……。

當你覺得難過，就好好難過。
當你覺得生氣，就好好生氣。
當你覺得介意，就好好介意。
當你覺得悲傷，就好好悲傷。

別騙自己，或強迫消除自己的情緒感受。

你的情緒是你的，你的感受是你的，你的想法也是你的，你可以認同，允許自己是自己，而不是其他人。

當你能認同自己是自己時，也才能看見別人是別人。你才不會做別人的影子，又要別人做你的附屬品。

當你很清楚知道情緒是自己的，需要由自己來照顧和調節，也要負起承接的責任時，你才不會立刻要用情緒來影響及控制別人，或尋求外界的反應。你會先細細地檢視自己，耐心地安撫自己，也陪伴自己試著在經驗中，面對與梳理內在。

很多人都曾跟我談到「害怕自己是不一致」的觀點（言下之意，是害怕自己被說是兩面人），覺得自己若一致的話，就是心裡有什麼就講什麼、情緒是什麼，翻出去就是什麼。從這一點，就可以發現人們對於人有多重面貌這件事，有多麼害怕且不安，覺得人徹頭徹尾只能有一張面皮才是對的。

這不是「一致」，這是幼兒化，是未轉化的幼兒心智作祟，不考慮社會性情境，也不評估和思量當下的「他者」和「我」之間發生了什麼情況。

清楚覺察，才是成熟的內外一致

試想，我們是活在社會群體的，每個人的「一致」若都是這麼單一做法、這麼簡化粗糙，那社會不就每個人都只顧自己反應，不顧他人立場和感受？那人的生命不就不需要成長，也不需要接受教育和學習了，我們只要以五歲的本能和本事，用蠻力，不然用大哭大吼，在這世界拚鬥就好了。

就像小孩要吃糖，他很內外一致地認為「我要讓你知道我要吃糖」，並且直接把他想吃糖的慾望和情感表達出來，不管三七二十一，不管現實情境和客觀後果。

因為他還是孩子，所以我們理解他還不具備複雜的心智模式可以去處理和外境衝突下，如何消化內在那些得不到渴望的傷心和失望。我們能理解他表現情緒是因為他只能直接表現，來讓外界知道他內心的衝擊和失衡；也因此，旁邊的成人需要能協助：同理回應感受、釐清想法、辨識需求、溝通協調，也需要說明一下原因或界限。

那是因為他還是孩子，所以我們引導，給予一些陪伴和適當教育。

但倘若今天已是一個成人，他說他要「一致」的做法，就是看誰不順眼就瞪誰、討厭誰就對誰摔東西、氣誰就直接謾罵，這樣的一致，你吃得消嗎？這不是一致，這是一種直接發洩，甚至是情緒性攻擊，更是自我中心。

沒有理性參與的情緒直白反應，不是「一致」。

真正的一致需要奠定在做到「清楚覺察自我」，覺察及辨識自己的內、外在情況。外在發生了什麼事、內在出現了哪些情緒和想法，又為何是這樣的情緒及想法反應？是什麼影響了我這些情緒和想法反應？試著釐清和辨識自己。

要能「清楚覺察」，並照顧安撫自己的情緒後，我們才可能「真誠一致」地知道和了解，究竟自己真正想要的「決定」是什麼，以及能向外界「回應」的是什麼。我們才可能以安穩的自我，一致地表達出自己的立場和主張。

對自己與別人的雙重標準

而更多人的不一致，其實更常見表現在對自己和對別人的不一致上：

「我不允許別人干涉我；我卻時常想干涉別人。」

「我要別人尊重我，卻常忘了尊重別人。」

「我要自己選擇想要的，卻不接受別人選擇他要的。」

「我要控制別人的言行舉止，卻反對別人對我的控制。」

「我想改變別人，讓他更好，但當別人說我哪裡不夠好，卻覺得反感。」

「我直接挑剔別人的失誤，但別人不可以直接說出我的失誤。」

「我要做我自己，但你不可以做你自己。」

像這樣的不一致與雙重標準，造成我們人際關係裡時常出現衝突和混亂。只允許自己可以，卻不允許他人，也是來自內在的自我中心。要調整這樣的

「不一致」，必須平等地看待「人」的存在，並且不再企圖用控制操縱關係。

做一個真誠一致的人，來自我們可以辨識及覺察自我的真實狀態，而不是被無意識搗亂，亂七八糟地後悔及內疚，再用自我譴責與怪罪來對付自己。

當你能為自己的生命承擔與負責，你自然能真誠一致。也就是，當你選擇合一統整地呈現自我時，就表示你也願意一併承擔了這個過程的結果及代價，即使結果不如預期或不理想，你也會試著處理及面對它。

當你越能真誠一致做出自我選擇、自我決定以及自我負責後，你設立個體界限的能力，也會越發成熟而穩定，不再任由混淆且衝動的潛意識爆發，或受情緒任意操控擺布，全然忘了自己才是情緒的主人，更是自我主體的統合者、領導者。

練習心法

維護和建立自我主體感的練習，需要你保持覺察及提高意識。只要想到自己，或回到自己身上時，就練習問自己三個問題：

1. 我現在的感覺是什麼？（或：我正在感覺什麼？）
2. 我現在的想法意念是什麼？（或：我正在想什麼？）
3. 我現在想要做什麼？（或：我正在做什麼？）

如此，練習與當下有覺知的自己保持連結。長期下來，對於掌握自己的狀態，包括感受、想法或行為，也能有所覺知，不再任由無意識驅動或過於自動化反應。

練習九

忠於自己，停止尋求無盡補償

我們到底在追求什麼呢？為什麼追著追著，卻求出那麼大的心理匱乏，造成內心一個大窟窿？

你選擇的，若不是你真心渴望的生活，那麼，你就會以各種形式企圖補償自己，花費更多、囤積更多、欲望更多，卻始終離真心喜歡的生活和喜歡的自己，越離越遠；喜悅與滿足，也越來越少。

因此，不只要覺知自己「不想要」、「不喜歡」的是什麼，更積極的動機是：「我想要」、「我喜歡的」是什麼。

但是，無論你喜歡或不喜歡、想要或不想要、認同或不認同，假若你能越清楚覺知，就越能幫助自己去分辨和選擇，不至於不管自己想不想要、喜不喜歡、需不需要，就一股腦地吞食，結果反而讓更多無謂的沉重負擔占據你的生命空間還有心理空間，感受不到任何滿足及喜悅，只有怎麼也填滿不了的空虛和不滿。

無法選擇自己真心想要的，這樣的慣性，從何時開始呢？若要回溯，大概是從幼兒童年時期即是如此。外界都有既定規則和既定標準，什麼是好、應該做到什麼、應該要有什麼表現，都被框限在一套標準下，沒有什麼多元的觀點和定義。大人最常說的就是：「別人能這樣那樣，為什麼你不能？」

孩童的我們不懂，那樣的標準是大人們由於自己的自卑和不足，所投射出來的比較和嫉妒，還有害怕自己不夠好、沒有能力教出厲害完美的小孩，進而把那股焦慮和哀怨丟放投擲在孩子身上。於是孩子的我們以為那是真理、是聖旨、是優秀的高超境界，承受了「別人會什麼，我就要會；別人有什麼，我也要有」的壓力。

然後用盡所有氣力，不認輸，不能承認自己的脆弱和不足，絕對要逞強地拚到有。

別人甜美，我也要甜美；別人英俊，我也要英俊；別人苗條，我也要苗條：別人優雅溫和，我要優雅溫和。別人有房、有車、有錢、有伴侶、有孩子、有地位、有名聲、有事業、有頭銜……，我也都要有。

那麼努力追上別人，努力證明自己也有能力可以擁有那一些物質生活條件，和各種像配飾般的頭銜，但到後來卻換來更多更多的不滿足，和過於勞累與過於付出後的補償行為——更常去看醫生、買東西、娛樂、吃美食、做美容、整型和各種各樣的消費。

越向外追逐，心越匱乏

我們到底在追求什麼呢？為什麼追著追著，卻求出那麼大的心理匱乏，造成內心一個大窟窿？

如果你有那麼一個時刻，終於洞見了這樣的生命矛盾，明白我們對這物質世界的追求是有極限的，我們的心靈是不會因為物質的存在及囤積，就感到真實恆常的滿足，反而想要領會超越物質有限性的無限意義，那時的你會明白，超越有限的方式，是走向整合，是體會一種不再切割、不再分裂，也不再侷限的圓滿，也就是生命的完整。

就如，你可以正向，也可以樂觀，可以展現陽光般的活力，但那並非整合，也非完整。

如果你愛自己，你不會給自己這樣的條件：

只有我對世界笑，我才要愛我自己。
只有我看起來燦爛，我才要愛我自己。
只有我看起來努力、認真、不倒下，我才值得愛我自己。
只有我看起來被人尊敬，我才要愛我自己。
只有我讓人喜歡，讓人稱許，我才要愛我自己。

只有我受人歡迎，我才要愛我自己。

相反地，愛，是無條件的，不是擁有地位、權勢、財富、名聲、外貌、聰明才智才能擁有愛的體驗。

往往那些看重地位、權勢、財富、名聲、外貌、聰明才智的人，是離愛最遠的人。

你可以正向，也可以樂觀，可以帶給這世界希望與歡笑，但那非真實地接納自己與愛完整的自己。

因為真實與完整的自己，要面對的不僅是向陽時刻，還有暗黑時刻。你知道這些時刻的你都存在，你不會只擁抱其一，卻杜絕另外一面。當你接納，並付以無條件的愛，那些看似不美麗、不亮眼、不好看的你，才能被軟化、被連結、被擁抱，真正成為你的一部分。

那時，你才能真正領受全然的愛與接受，也才能真實地獲得心靈的平靜和富足。

接受自己的全部

不再需要那麼勉強用力、不再需要對自己懷有敵意，也不再需要自我攻擊，無論在什麼樣的處境，是高是低、是好是壞、是強是弱，你接受自己的全部，你的國度因此有了全新的秩序與全然的安定。

因為，你成為合一的人。

小孩子的時候，你總是心很大，想要每個人都喜歡你，想要證明自己是最乖最聽話的那個小孩，想要努力成為別人口中厲害的人，想要別人總是誇讚你、稱許你。

如今，你長大了，才知道人的心其實不用這麼大，只要懂得讓自己快樂、開心，不踰矩卻隨心所欲、不完美卻心安理得，就是此生最大的幸福和成就了。

小孩子的時候，你覺得不被父母關心、不被師長肯定，你的一生就注定在自卑和失敗中度過了。

如今，你長大了，知道父母和師長也有他們的人生，也一樣有他們的限制，雖然他們會影響你，卻無法決定你真正會成為什麼樣的人。

如今，你長大了，你會真正地明白，原來長大，是不再以孩子的視角和經驗，始終活在一個無能為力又充滿恐懼不安的狀態。

讓長大是真正的成長和完整，讓你真正成為真實有力量的人。而這取決於你有多忠於自己。

練習心法

練習忠於自己的選擇和決定。若是因爲現實環境因素而暫時需要選擇其次或第三選擇，也要淸楚意識到這是自己的選擇和決定。

人生在世，我們確實無法都能如願選擇我們最想要的。許多時候，這樣的情況是因爲受到太多客觀因素所左右，但卽使如此，我們也要明白，所謂的選擇，都需要包含務實的評估及了解客觀現實的條件，這樣的選擇才是我們個體可以承擔及負責的。

若是逃避務實的評估及現實條件的考量，一味以「無奈」、「不要想太多」、「不然能怎麼樣」自我漠視和壓抑的心態來面對抉擇，長期自我暗示下，內心的委屈和不平就會如滾雪球一般，越滾越大，造成內在失衡、耗損。

務實，也是練習接受現實的存在，這是每個成人都需要練習面對的人生課題。過高的期待和理想化，或是空想，都會讓我們不斷遭受現實打擊，以致自我懷疑及感到挫敗。

唯有務實地體認到自己的能與不能，辨識及覺察自己的可爲和不可爲，一顆心才不會懸在半空中，始終不願意承認及面對眞實的自己。

當你能夠與現實和平共處，與尚無法達成最佳選擇的自己和解，不再怨懟和不滿，你才能跳脫爲了逃避自己、逃避現實、逃避不得願，而讓自己陷入不停地尋求無益處的補償、企圖以此救贖憂鬱內心的惡性循環。

練習十

保持自我學習，相信生命潛能

我們都是凡夫俗子，在學會好好活出自己、好好與他人和環境相處的路上，跌跌撞撞。

我不會跟你說「我是為你好」，因為，人生和生活都是你的。

我不會告訴你「你的人生應該要如何做」，因為，這是你自己要去思考並決定的。

我不會把你的人生當成我生命的重心，因為，那是一種病態的假性親密。

我不會要你聽從我，要你照著我的期待做決定，因為，那是控制，更是支配和操弄。

我願看你探索與覺知你自己的存在。

我願祝福你有足夠的時間和領悟，踏實地去明白人生。

我願相信你的生命自有安排，一切超乎想像地充滿奧妙。

我願尊重你的生命，不漠視你的能力和經驗。

我願承認我們是平等的，都在學習人生的各種課題。

我願接受有更大的智慧存在，在屬天的奧妙安排中，我們都是凡夫俗子，在學會好好活出自己、好好與他人和環境相處的路上，跌跌撞撞。

別輕易把人生交給別人，也別輕易把別人的人生扛著走。

我們能做的，是相互理解和支持，不是在互推責任或是相互逼迫。

每個人都是獨一無二的

不要活在老是為別人擔憂的慣性裡，也不要活在死命把事情往壞的方向想，總覺得別人會把他的人生搞砸的悲觀裡。人生，就像每個人的私有財產，是不能拐騙搶奪的。在你要做出任何對別人人生的反應和舉動前，請先靜下來和自己聊聊，問自己為何要這麼做？不這麼做會如何？一定要這麼做不可嗎？有沒有其他的做法和可能？

接著，問問自己：「你問過人家嗎？人家要你出手？還是要你挽救？有非要你出來扛不可嗎？」

最後，再問問自己：「你真的可以？你願意無論之後發生什麼，你都會扛也會承受下去，毫無異議？你是真的心甘情願，還是覺得『應該』呢？」

只要你有那麼一絲絲矇騙了自己，不清楚確認自己的心意和感受，一旦事與願違，一旦你出手為人家忙的、做的、給的，沒有讓情況變好，反而一場糊塗，甚至勾動你內心對自己的壞感受、壞評價時，這時你就會埋怨、挫敗、氣憤，對自己和對方都有滿腔怒火，悔不當初。

你若停下來仔細辨識，你會發現，為什麼你總要為別人的事情衝得那麼迅速呢？你對自己有如此嗎？能為自己挺身而出，為自己仗義執言嗎？

爲自己挺身而出

若一個人無法為自己挺身而出及時做出維護，內心卻總是渴望有人出面保護他，為他仗義執言，緩解他的困境和窘迫，一旦這個他內心渴望會出現的人，始終沒有在生命中出現，他的內心就會一直抱著委屈和遺憾。然而這一份匱乏，卻在他看見別人好像有難，卻還無法清楚分辨困難的程度，和困難的成因時，內心就像被俠士魂附身，非要出面主持公道，或自恃公義化身，不允許弱勢者受欺負。

問題不在「幫助」是錯誤，而是錯在幫助之前，沒有客觀及盡量多面向地評估，反而像是被鉤住了什麼內心的情緒陰霾，想要立即解決這令人不安和焦慮的處境。

為什麼這社會上有那麼多幫人之後卻沒好事的情況呢？除了我們從小就被灌輸許多沒有理性思考的歷程，被教導要人飢己飢、人溺己溺，被要求要「在別人的需求上，看見自己的責任」外，我們內心因為積壓太多的委屈和不平、孤單和無助，使我們在看見別人處於困境或逆境時，也會引發、投射出自己過往的焦慮、無助、孤單、弱小的感受，非常不舒服。為了不讓自己一直受到內心壓抑的情緒翻攪、襲擊，我們就會衝動地想往外去解決或擺平引發我們焦慮的對象。

在這個過程中，我們擅於以內疚感和良心不安來譴責自己，更為焦慮的內心添油助燃。

「這是誰的人生啊？」這是我們要記在心上的一句話。在任何關係裡，在面對另一個人的人生，乃至自己的人生，我們都需要時常默想：「這是誰的人生啊？」

當別人對你指指點點時，請試著肯定自己。你可以從別人的學習中找到資源和經驗分享，但不要剝奪自己學習的機會，任由他人直接介入、干涉、決策。你允許別人成為控制者，你就容易變成依賴者、共依存者。

需要共依存的人，是迴避面對自己的人。拒絕個體界限的存在，也不尊重及慎重面對自己的人生主導權，只想要有人一起共生，牽扯或糾纏一塊，分辨不出來誰依賴誰，就可以藏身裡頭，覺得好安全。

同樣地，如果你常常認定他人無能、做不來、無法做，任意指揮和插手別人的人生，如此就剝奪了他人的學習機會。

如果，你相信學習是成長的養分，也是成長的能量來源，那麼，聚焦回到自己身上，重視自己的學習機會，也樂於看見別人有他自己的學習歷程。

你真正要做的，就是確認自己的心意和感受，適時鼓勵自己，做自己最好的支持力量。而與他人同行為伴的短暫交會時刻，給出你的經驗談和對這些歷程的理解，但也適時鼓勵和支持對方，讓別人在他學習面對人生任務的過程中，知道他並不是完全孤獨。然後，讓彼此有彼此的光亮，在某些時刻的連結中，走在同一條路上。

練習心法

請在各種人事物的反應前，先問問自己：「這是誰的人生啊？」以及：「這是誰的課題啊？」避免自己無意識地又想以自己的價值觀和人生喜好傾向，當做「正確的人生」，要求及期待別人符合及順從。

在各種與人有關的事務上，尤其要時常思考：「這與我有關嗎？還是內心的什麼動力和驅力，迫使我非要做什麼不可？」

在人生的學分上，也不要高估自己，看輕別人。不要習慣以自己的認知和標準就認爲別人一定不懂、不會和不能。這是誇大了自我的能力，同時也漠視了他人的能力。

練習了解「人生沒有標準答案」，每個人都只能自己摸索和探究。就像人生是每個人自己的申論題，只有自己寫出的答案，才是自己學習到的東西。

對於我們自己尤其是，我們可以找尋資料文獻，可以聆聽他人的見解和看法，但不要照抄也不要背誦，更不要一有不順就習慣想去問別人的答案來做爲自己的答案，省略自己的思考和領會過程。

要在生活中鍛鍊出內在有力量的界限，你必須要能充分地擔任自己的發言人，擔任自己的總理，也擔任自己的決策單位。當你開始體會到「沒有人可以爲我發言，只有我自己是最清楚我的想法和感受的人」，相信你那時一定能感受到自己的主體感和個體界限，是多麼清晰地存在著，無法再被消除，也不會再輕易受到混淆和操控。

結語

限制和不完美，是人生真實的滋味之一。可以領悟出完整的生命面貌，我們才能真的了然於心，努力去找出自己真正渴望的、需要的是什麼。

你的天堂，或許是別人的地獄；你的地獄，或許是別人的樂活天堂。當你悲傷時，可以接納別人的歡樂；當你歡樂時，可以允許他人悲傷。這樣地允許自己，也接受別人的不同，進而接納差異是存在的，我們才能維護好彼此關係中的界線，不會硬要他人認同，不會壓抑自己的感受和觀點，也不會逼迫別人扭曲他的感受和觀點。

活在資訊爆炸、訊息紛亂、人心變異的時代，人際關係和生活處境，總是讓我們置身在集體焦慮又急切的氛圍中，不安地面對每一日的變化和衝擊。

我們其實沒有多少把握能獲得希冀的成功。雖然很希望可以快點知道些如何在這世界取得成功、實現理想的祕訣或捷徑，但人生的經歷大部分都不是照著自己的欲望或計畫發生，更常有突然而來的打亂或中斷，以致時常覺得心亂如麻。

如果說我們在這社會上的拚搏，像是場戰役，那麼戰士不一定會成為英雄，反而可能成為時勢下的階下囚，嚐盡各種屈辱、不甘、憤恨不平和無力感。許多人的內心可能都壓抑及忍受許多有志難伸的感覺，更多時候可能是歷經一片迷茫，不知道自己到底在為什麼奮鬥？又為何而堅持？若沒有創造那高又再更高的成就，我們的存在，到底有什麼意義？

不少人來詢問我：「如何可以擁用有那永不消滅的熱情？如何可以一直抱有高昂的情緒，對人生充滿動力？」當然，會這樣問的人，都有一種渴望，想要活得精彩而充實，為了某種理念或目標廢寢忘食也在所不惜，只是他們體會不到，尋求不到，那究竟是什麼？

這是人性對成功的渴望，我們想要不停向上，追求提升再提升，好要更好。然而，什麼是好要更好？什麼是提升再提升呢？那會不會是來自內心根深柢固的自卑心和空虛感作祟，害怕自己一旦停下來，不努力積極追上，就無法讓主流社會對自己擁有的本事刮目相看，也就因此無法確認自己存在的價值是什麼了？

當我們急著甩開身邊的競爭對手時，是否真正想甩開的，是自己內心還不停羞怯懷疑自己是誰的醜小鴨？當我們想把誰打敗時，我們是否在對方身上看見一個「不夠好」的自己，想用贏對方、踩踏對方的手段，來證明其實自己是夠好的、夠優秀的？

個體心理學創始人阿德勒曾說：「當對幸福的憧憬過於急切，那痛苦就在人的心靈深處升起。」在人生的過程，我們其實不必時時保持上進或無懼，停滯和脆弱也有可以體驗及修悟的生命課題。

世界雖然殘酷，幸而仍有勇氣

體會具有限制和不完美的人生，也是人生真實的滋味之一。可以領悟出完整的生命面貌，我們才能真的對自己內心真正渴望的、需要的是什麼，了然於心。而更多時候，逆境和挫折都能讓我們更加體悟和明白，只有善待自己，照顧好自己，才可能建立合宜的人際關係，感受到活在這世界的美好。那時，幸福感就會悄悄地實現，悄悄地到來。

這本書，是我為每一個誕生在這世界，努力迎向世界、面對這世界眾多挑戰的人所寫。從我們誕生時，就已注定我們此生要透過自己的能力和本事，學會在這世界上活下來的方法，然後各顯神通、相互合作。然而，活在這個世代，並沒有那麼容易，因為這個世界的形成是現實的，包含著殘酷和冷漠，並不浪漫，也不存在著任何幻想，有時候還會有非常多讓你覺得不可愛的人事物出現。

所以，我們必然會受傷。越是內心想保有誠摯、不想偽裝，不想迷失自我活在虛假面具中的人，受的傷往往更多更重。但是，受傷並不代表毀滅，受傷往往給予我們寶貴的經驗，讓我們知道這世界有黑暗面存在。若只以最初孩子時期的無知天真面對詭詐、阿諛奉承、嫉妒、陷害、剝削及利用，和許多的欺騙和暴力，必定會遭遇不少驚嚇和恐懼，也會因此受困其中，承受許多身心的痛苦和折磨，而恐懼不敢往前走。

受傷，最大的意義是要讓我們知道危險的存在，不過度樂觀地幻想這世界的完美，也能辨識出我們投射於周遭的幻想和期待是多麼的單向和過於天真。

最重要的是，能夠試著面對自己生命的責任及課題，不再想像著周圍的人應該要來成全及供應自己想要的生活，而能體會必須由自己來琢磨和自我訓練，成為一個能保護自己的人，同時為自己所愛的人（或生命），給予一份關愛及守護力量。

這樣的你，能成為自己人生的鬥士，有勇氣同時有韌性，在能屈能伸中，能蹲能跳之間，跨開你的腳步，迎向未知的世界，而不是拘禁自己，活在心靈地窖裡。

人生一回合，我們真正能做的，是讓自己的主體存在好好實現自我，能在終點時，活出屬於自己所定義的有價值和有意義的人生。

若是能如此，就已是非常值得喝采的成就了。

關於這一生，相信你也會有屬於自己的領悟，只要真實走過，一路上認真、用心搜集創造有意義人生的攻略和心得，就絕不會白白走這一回。

立下界限：卸除生命中不必要的內疚感，找回平靜，成為溫柔且堅定的自己／蘇絢慧著 . -- 初版 . -- 臺北市：天下雜誌股份有限公司，2021.04
292 面 ; 14.8×21 公分 . --（心靈成長 ; 77）
ISBN 978-986-398-666-9（平裝）

1. 自我實現　2. 人際關係　3. 自我肯定

177.2　110005144

心靈成長077

立下界限

卸除生命中不必要的內疚感，找回平靜，成為溫柔且堅定的自己

作　　者／蘇絢慧
封面設計／DiDi
內頁排版／邱介惠
責任編輯／黃惠鈴

發行人／殷允芃
出版部總編輯／吳韻儀
出 版 者／天下雜誌股份有限公司
地　　址／台北市 104 南京東路二段 139 號 11 樓
讀者服務／（02）2662-0332　傳真／(02）2662-6048
天下雜誌GROUP網址／ http://www.cw.com.tw
劃撥帳號／01895001天下雜誌股份有限公司
法律顧問／台英國際商務法律事務所．羅明通律師
製版印刷／中原造像股份有限公司
總經銷／大和圖書有限公司　電話／（02）8990-2588
出版日期／2021 年 4 月 27 日初版
　　　　　2021 年 4 月 28 日第一版第二次印行
定　　價／380元

書 號：BCCG0077P
ISBN：978-986-398-666-9（平裝）

直營門市書香花園　地址／台北市建國北路二段6巷11號　電話／（02）2506-1635
天下網路書店　shop.cwbook.com.tw
天下雜誌我讀網　books.cw.com.tw
天下讀者俱樂部 Facebook　facebook.com/cwbookclub

天下 雜誌
觀 念 領 先